OPENING-UP

制度型开放 的
理论逻辑与现实路径

THE THEORETICAL LOGIC AND
PRACTICAL PATH OF
INSTITUTIONAL OPENING-UP

李国学 ◎ 著

经济管理出版社
ECONOMY & MANAGEMENT PUBLISHING HOUSE

图书在版编目（CIP）数据

制度型开放的理论逻辑与现实路径/李国学著 . —北京：经济管理出版社，2023. 12
ISBN 978-7-5096-9535-7

Ⅰ.①制… Ⅱ.①李… Ⅲ.①自由贸易区—制度建设—研究—中国 Ⅳ.①F752

中国国家版本馆 CIP 数据核字（2023）第 240635 号

组稿编辑：杜 菲
责任编辑：杜 菲
责任印制：许 艳
责任校对：王淑卿

出版发行：经济管理出版社
　　　　　（北京市海淀区北蜂窝 8 号中雅大厦 A 座 11 层　100038）
网　　　址：www. E-mp. com. cn
电　　　话：（010）51915602
印　　　刷：唐山昊达印刷有限公司
经　　　销：新华书店
开　　　本：720mm×1000mm/16
印　　　张：12. 75
字　　　数：138 千字
版　　　次：2024 年 4 月第 1 版　　2024 年 4 月第 1 次印刷
书　　　号：ISBN 978-7-5096-9535-7
定　　　价：88. 00 元

序　言

　　在全球生产网络下，复杂的生产联系跨越了国界，国内事务管理成为全球生产链管理的一部分。与国际生产方式变革相对应，发达国家在双边和区域层面上掀起了新一轮国际经贸规则重塑的浪潮。作为全球化的主要参与者，我国积极推动由商品和要素流动型开放向规则等制度型开放转变。在路径选择上，我国采取的是从局部改革开始逐渐向整体推进，即在全国范围内设立了22个各具特色的自由贸易试验区，先行先试高标准国际经贸规则，再将自由贸易试验区里探索的新途径和积累的新经验向全国复制与推广。

　　对于中国来说，在贸易投资保护主义兴起、全球生产链制度外溢效应持续增强的背景下，制度型开放既是参与国际分工的必然要求，也是进一步完善市场经济体制的客观需求。那些反映了国际生产方式变革需求的国际贸易投资规则，有助于我国国内大市场建设，刺激国内消费需求，引导更多要素流向研发、品牌和营销等高附加值环节。制度型开放可以降低参与国际分工的交易成本，为新发展格局构建提供制度保障。

虽然中国自由贸易试验区在对标高标准国际经贸规则方面积累了不少成功经验和最佳案例，但制度型开放路径还需要进一步优化。首先，制度型开放强调全方位、系统性的制度设计，而逐条试验制度的做法本身是碎片化的政策开放，自由贸易试验区内与区外政策及其监管的不一致可能会扭曲资源配置，经济基础差异也有可能使自由贸易试验区成功经验在区外推广达不到预期的效果；其次，由于中国与发达国家的国情不同，劳工权益保护、竞争中性与国有企业、数字经济治理等领域对标难度相对较大；最后，制度型开放也可能受到行政垄断、知识产权保护意识、法律执行状况、信用和信任水平等因素影响，即使那些看来可行的高标准国际经贸规则，执行起来也可能困难重重。

上述问题表明，制度"开放"不同于商品要素"进出口"，其重点是制度执行。高标准国际经贸规则是否可行、如何执行、执行难度等又往往与制度层级密切相关。一般来说，国家制度可以进一步划分为社会嵌入、制度环境、治理机制以及资源配置和就业四个层级。第一层级是社会嵌入，这个层级的制度大多是非正式制度，主要与规范、习俗、道德、传统等相关。第二层级是制度环境，除了第一层级的"非正式约束"（禁忌、习俗、传统和行为准则等）之外，还引入了"正式规则"（宪法、法律、财产权等）。在这一层级，如果产权界定和执行无须成本，市场就可以最优化配置资源，但是产权界定和执行是存在成本约束的。第三层级的治理机制旨在完善与交易相适应的治理结构，契约成为解决交易冲突、实现互利的重要途径。第四层级是资源配置和就业，企业通常被描述为一个生产函数。在这四个层级中，较高层级对紧接在下面的层级施加了约束，较低层级也反过来对紧接在上面的层级具有反馈作用。

在不同制度层级上，国家间规则协调难度不一。根据协调程度不同，规则执行情况可以划分为竞争、一致、磋商和合作四个不断递增的层级。其中，竞争即无协调；一致表示各方采用相同的原则；磋商只是一种较松散的合作；合作的协调程度最高，甚至缔约国监管机构相互参与监管工作。对于两个制度差异较大的国家来说，如果在第一层级存在制度冲突，规则协调起来就比较困难，这一层级通常也不是制度型开放的主要内容。第二层级是在第一层级下衍生出来的正式规则，第三层级又是专门针对第二层级下与交易相关的规则，这两个层级的规则大多属于制度型开放的范围，但与第一层级关系密切的部分规则协调起来依然比较困难。第四层级大多与企业相关，协调起来相对容易。

制度协调程度也会随着对外依赖程度加强而逐渐提高。在经济发展早期，美国、日本、韩国和欧盟等主要经济体主要是基于本国（地区）社会经济发展状况制定政策。随着国际经济联系的增强，它们提高了本国与贸易伙伴国制度体系的相容性。例如，日本和韩国在对外开放初期实行了出口导向发展战略，一方面采取优惠政策促进出口，另一方面又根据各产业竞争力差异选择了不同的开放度，并且按照自身发展战略对进口和外资进行限制。但是，不对称开放导致经贸摩擦频发，高度外部依赖使其不得不加强国际政策和规制协调。

高标准国际经贸规则主要是由美国、日本和欧盟等发达国家（地区）发起和制定的，我国可以根据国情差异选择不同的协调程度。具体来说，诸如竞争力和商务便利化、中小企业、合作与发展能力建设、环境保护等条款可以选择合作，即规则统一，甚至相互参与监管；监管一致性、政府采购、透明度与反腐败、争端解决机制等条款可以选择磋商，即大部分规则统一，小部分规则视具体情况具体分析；竞争中性和国有企业、非歧视性待遇和负面清单、劳工权益保护等部分涉及政治体制问题的条款，可以选择原则性一致，然后逐步向磋商迈进。

从长远来看，虽然各国国情、社会文化等方面存在较大差异，但人性基本相通，在生产体系运行过程中都会遇到激励和机会主义防范问题。在对激励和机会主义防范进行制度设计的过程中，各国生产体系也可能逐渐趋同，那些在对标过程中选择原则性一致的条款，也可能随着社会经济发展而转向磋商和合作。

　　从近期来看，制度型开放的难点是在既定制度差异下如何有效地执行这些高标准国际经贸规则。本书从制度变迁视角对这一问题进行了探讨，认为以自由贸易试验区为引领的全面制度型开放，既需要政府从制度供给层面出台高标准国际经贸规则，也需要通过构建区域生产网络及其价值创造体系创造出制度变迁需求，即通过"强制型+渐进式"与"诱致性+激进式"制度变迁模式组合，共同推动我国向高水平制度均衡跃进。

李国学

2023 年 11 月 16 日

目　录

第一章
引 言

近十年来，发达国家在双边和区域层面掀起了新一轮国际经贸规则重塑，我国也提出把自由贸易试验区建设成为新时代改革开放的新高地，并以此为基础推动全面制度型开放。但是，制度型开放过程中面临着一系列问题。本章在综述相关文献的基础上，从制度变迁视角提出制度型开放的理论分析框架，并阐述了本书的创新之处、学术价值及其现实意义。

第一节 问题的提出

随着交通、通信技术发展和贸易投资便利化措施的不断推进，国际劳动分工从产业间向产业内和产品内进一步延伸，在全球范围内形成了以跨国公司为主导的全球生产网络。面对国际生产方式变革带来的挑战，世界贸易组织（WTO）曾在2001年多哈会议和2003年坎昆会议上试图协商"边境后"政策，但由于协调机制局限性和各国利益冲突而未能达成一致①。在新加坡议题磋商受阻的情况下，发达国家在积极推进WTO现代化改革的同时，还在双边和区域两个层面推动高标准国际经贸规则的实施。

作为全球化的主要参与者，中国也对"边境后"政策持开放态度。2020年5月，《中共中央 国务院关于新时代加快完善社会主义市场经济体制的意见》指出："坚持扩大高水平开放和深化市场化改革互促共进。坚定不移扩大开放，推动由商品和要素流动型开放向规则等制度型开放转变，吸收借鉴国际成熟市场经济制度经验和人类文明有益成果，加快国内制度规则与国际接轨，以高水平开放促进深层次市场化改革。"② 2018年，习近平总书记提出把自由贸易试验区建设成为新时代改革开放的新高地，在这一方针指导下，我国先后设立了22个各具特色的自由贸易试验区先行先试高标准国际经贸规则。此外，坚持新发展理念，更大力度推动自由贸试验区改革开放创新，着眼解决深层次矛盾和结构

---

① 习近平. 坚持党对工会的全面领导 组织动员亿万职工积极投身强国建设民族复兴伟业 [EB/OL]. http://www.women.org.cn/art/2023/11/2/art_ 17_ 174305.html.
② 中共中央国务院. 关于新时代加快完善社会主义市场经济体制的意见 [EB/OL]. http://www.gov.cn/zhengce/2020-05/18/content_5512696.htm.

性问题，强化改革统筹谋划和系统集成，继续狠抓制度创新，加快形成发展和竞争新优势，积累更多可在更大范围乃至全国复制推广的经验，进一步发挥改革开放"排头兵"的示范引领作用。①

在这种情况下，国内一些省份试图进一步扩大制度型开放，提出以自由贸易试验区建设为引领，推动全面制度型开放。例如，基于《中国（河南）自由贸易试验区条例》和《关于推进中国（河南）自由贸易试验区深化改革创新打造新时代制度型开放高地的意见》，河南省提出以自由贸易试验区建设为引领，充分发挥改革发展排头兵、开放发展制高点、创新发展先行者作用，持续推进规则制度型开放、商品要素流通型开放、知识创新型开放，推动全省制度型开放战略实施。

那么，如何推进以自由贸易试验区为引领的全面制度型开放呢？

第二节 文献综述

自 2018 年中央经济工作会议首次正式提出制度型开放以来，

---

① 新华社 . 习近平对自由贸易试验区建设作出重要指示［EB/OL］. http：//www. gov. con/xinwen/2018-10/24/content_ 5334153. htm#1.

国内学术界对制度型开放进行了较为系统的研究，主要体现在以下几个方面：

一、制度型开放的内涵

现有文献认为，制度型开放在形式上表现为制度"进出口"（戴翔和张二震，2019），在具有较强外溢效应的相关体制机制领域将本国相关规则和国际通行规则进行对标，在此基础上实施一系列系统性的制度创新措施（国家发展改革委对外经济研究所课题组，2021），其结果是制度壁垒消除和制度安排完善（聂新伟和薛钦源，2022），在尊重各方意愿的前提下形成国际经济规则和制度体系（王宝珠等，2020），构建一个公开、透明的开放型世界经济体系（戴翔和张二震，2019）。上述文献更多地借鉴了政策性开放和商品要素流动型开放下的做法，忽视了制度型开放与商品进出口和政策性开放的差异。

二、制度型开放的特征

与局部目标导向、基于政策优惠的传统政策型开放不同，制度型开放绝不是"政策洼地"（王受文，2015；李大伟，2020），它强调全方位系统性的制度设计（国家发展改革委对外经济研究所课题组，2021）；与商品要素流动型开放下的边境政策开放不同，制度型开放更加强调边境后政策协调（戴翔，2019）；与传统开放型经济体制不同，制度型开放在规则、规制、管理和标准等部分领域实现改革与开放的高度统一（崔卫杰，2020），以互利共赢的开放战略参与全球经济治理的制度创新（戴翔和张二震，2019）。上述文献对制度型开放与商品进出口和政策性开放差异的分析，可以帮助自由贸易试验区避免重蹈传统开放模式下的覆辙，但这些文献并没有深入分析这些差异背后的原因，以及我国转向制度型开放的动因。

三、制度型开放的中国视角

随着要素红利式微，我国需要利用全球创新要素发展更高水平的开放型经济，从要素红利向规则红利过渡（聂新伟，2022）。由于高级生产要素和高端生产环节对制度环境更加敏感（梁丹和陈晨，2023），国内体制机制障碍影响和制约着我国高端要素集聚和全球价值链地位提升，中国必须从商品和要素流动型开放转向制度型开放（戴翔，2019）。制度型开放不但是国内大循环和国际循环之间形成正反馈机制的关键所在（李大伟，2020），也有利于中国积极主动地参与高标准FTAs网络建设，在国际经贸规则乃至全球经济治理中反映发展中国家诉求（盛斌和黎峰，2022），甚至在部分新兴产业、新兴业态领域成为国际经济规则的"并跑者"或"领跑者"（李大伟，2020）。上述文献从中国视角把制度型开放归因于中国在全球价值链中地位提升的需要，但缺少全球视野的深层次分析。

四、制度型开放的全球视角

在全球生产、全球销售的新型国际生产分工模式下，生产要素价格决定了生产成本，制度环境则决定了交易成本（梁丹和陈晨，2023）；新兴产业、新兴业态发展也使生产关系发生重大变化，迫切需要相关规则、标准、理念创新（李大伟，2020）。制度相容和规则一致程度影响和制约着国家间生产要素、生产环节和生产阶段的"无缝对接"。新一轮以制度型开放为表征的高标准国际经贸规则是跨国公司进一步统筹全球价值链、整合和利用全球生产要素的根本性制度保障需求（戴翔，2019）。虽然这些文献提及了制度型开放背后的生产动因，但没有详细阐述如何去实施制度型开放。

五、制度型开放的路径

在开放阶段方面，制度型开放通常要经历制度学习（早期制度型开放）、制度供给、制度竞争和高水平制度型开放等阶段（刘彬和陈伟光，2022）。在开放战略方面，中国以自由贸易试验区和自由贸易港建设为抓手，对标高标准国际经贸规则，有针对性地进行体制机制创新；积极参与并签署高标准的双边及多边国际经贸协定，通过对其中高标准条款的承诺履行倒逼国内制度改革；在国内具有比较优势的重点领域加紧制定统一规则，为全球经济治理及国际经贸新规则提供"中国方案"；积极构建制度型开放框架下维护国家安全的新型体制机制（盛斌和黎峰，2022）。上述文献指明了制度型开放的思路，但仍旧停留在规则制定层面。与商品和要素流动型开放不同，制度型开放的重点是高标准国际经贸规则的执行。

六、制度型开放的措施

现有文献认为，我国应统筹推进高素质人才和高质量数据边境规则和"边境后"规则的协同；积极推动知识产权保护、财政补贴、政府采购、国有企业等领域的新型规则设计；在传统贸易、利用外资等领域继续完善现有规则并提升开放水平，同时加快推进标准国际化（李大伟，2020）。与制度型开放路径相关文献类似，上述文献更多地关注了如何对标高标准国际经贸规则，忽视了制度型开放过程中可能面临的路径依赖、制度选择以及后期的制度执行问题。

第三节　本书的思路和结构

本书从制度变迁视角探讨制度型开放的理论逻辑及其实施路径。从制度经济学角度来说，制度型开放是一种向高水平制度均衡的制度变迁。以高标准国际经贸规则为目标的制度均衡的实现是由制度变迁需求和制度变迁供给共同决定的。因此，本书从国际生产方式变革及其价值创造体系重构产生的制度变迁需求，以及全球经济治理体系变化推动的制度变迁供给两个方面研究制度型开放的理论逻辑，并基于上述分析探讨制度型开放的实施路径。

具体来说，本书的主要内容包括以下六章：

第一章：引言。本章提出了本书要研究的问题，在综述相关文献的基础上，从制度变迁视角提出了制度型开放的理论分析框架，并阐述了本书的创新之处、学术价值及其现实意义。

第二章：制度型开放的性质。本章是全书的理论基础，主要从生产力与生产的关系、经济基础与上层建筑之间的关系探讨制度型开放的性质，为后文制度型开放理论逻辑和实施路径分析指明方向。具体来说，本章主要内容如下：

随着交通和通信技术发展，国际劳动分工从产业间分工扩展到了产业内、产品内甚至工序内分工，在垂直一体化和全球外包综合作用下，全球范围内形成了以跨国公司为主导的全球生产网络。国际分工合作深化、经济交易复杂化迫切需要更高标准的国际经贸规则。

在全球生产网络下，利益相关者和权力主体也呈现多元化，它们在全球生产网络发展过程中发挥着不同的作用。在这种情况下，政府不但需要处理政府与市场之间的关系，还要处理政府与其他权力主体之间的关系。诺斯悖论表明，国家在产权界定和执行方面具有优势，但政府在获取租金和促进社会产出最大化两个目标之间是矛盾的，可能造成资源配置扭曲。为了约束政府滥用行政权力而造成的资源配置扭曲，高标准国际经贸规则旨在推动以政府为主导、其他利益相关方参与的全球生产网络治理机制，使全球生产网络获得相对于其他国际生产方式更高的效率和价值创造能力。

由于全球生产链具有较强的制度溢出效应，"边境后"政策差异成为交易成本的重要来源。为了降低国家间制度差异引致的交易成本，全球生产网络需要建立一套公平、透明、可预期的国际经济规则。在"边境后"政策协调过程中，国际生产联系的敏感性和不对称性成为国家间权力的另一个来源，不对等开放是不可持续的，这就要求参与到全球生产网络中的国家进行制度性开放。

总之，从制度经济学视角来看，制度是降低交易费用、增加合理预期的一种行为规则，高标准贸易投资规则主要是用来规范产品内分工条件下更加复杂的国际经济交易行为和促进全球生产网络的稳定运行，制度型开放是产品内分工条件下以高标准贸易投资规则为目标的高水平制度均衡跃进的制度变迁。

第三章：制度型开放的需求分析。在第二章制度型开放性质分析的基础上，第三章和第四章分别从制度变迁需求和制度变迁供给两个方面探讨制度型开放的理论逻辑，并与第二章一起构建了制度型开放的理论分析框架。具体来说，本章主要探讨了全球生产网络（及其相应的价值创造体系）稳定运行的制度需求：

在全球生产网络下，资源整合和信息系统重构催生了数字技术，数字技术反过来又进一步改变了全球生产网络的创新和价值创造模式。领导厂商不但要组织生产链，而且还要建立起包括消费者（客户）、专业化供应商甚至竞争对手在内的价值创造网络。创新和价值创造并不是沿着固定链条进行的，而是基于产业公地、"互联网+工业软件"以及开放的专业化供应商平台，在消费者（客户）与供应商互动中进行。与复杂的治理机制相对应，全球生产网络权力主体也呈现多元化，传统的政府与市场的关系进一步演变为政府与网络的关系。

在创新能力培育方面，全球生产网络更加依赖于知识产权保护和劳工权益保护。在全球生产网络下，原来通过跨国公司内部化的知识中间产品再次暴露出来，如果政府项目审批导致商业秘密泄露，或者企业利用知识和技术正向溢出效应窃取知识中间产品，那么全球生产网络就会陷入"公共地悲剧"。此外，在全球生产网络下，工人是劳动者、创新者和消费者多重身份的统一体，劳工权益保护不力不但从供给侧抑制了工人创新动力和工作积极性，也从需求侧削弱了他们的社会需求，尤其是那些刺激企业创新的挑剔性需求。

在供应商选择与合作方面，全球生产网络的组织和稳定运行迫切需要行业准入限制削减和中小企业国际化经营能力提升。对于领导厂商来说，如果在市场准入前对不同所有制企业存在歧视性待遇，或者行业限制过多，它们就无法获得足够的供应商来满足消费者（客户）不断变化或挑剔性的需求。对于低层级供应商来说，国际化人才、知识和经验匮乏，系统性战略规划能力不足，数字化能力和精益管理能力较弱，影响和制约着企业国际化经营能力。

除了中小企业以外，国有企业的参与也使全球生产网络治理更加复杂。当前，国有企业经营中依然面临着委托代理问题、激励问题、信息问题和软预算约束问题等，难以适应国家价值链敏捷、可伸缩和快速流动的要求。当政府以立法授予、政府命令、指令或其他措施将政府职权转交给国有企业时，国有企业与民营企业、外资企业就不是平等的合作关系，商事契约与行政契约的双重契约关系也给全球生产网络带来了不确定性。

在政府管理模式方面，全球生产网络也对政策制定和监管提出了更高的要求。在全球生产网络下，国内事务管理也成为全球生产链管理的一部分，除了市场准入和非歧视性待遇以外，政策透明度、公众参与度、政府采购资格要求和工作人员廉洁程度等都影响着全球资源配置，不同部门重复监管或监管不一致也成为全球生产网络交易成本的重要来源之一。

在技术支持方面，数字和网络空间监管政策差异成为全球生产网络发展的重要障碍。信息系统重构和数字技术运用奠定了智能制造的基础，"互联网+工业软件"为企业间合作提供了技术支持，由此产生了大量的数据。作为一种新的生产要素，数据自由流动才能实现优化配置，但在国际上还没有形成全球统一的网络空间和数字经济治理规则。基于自身技术优势和价值观念，全球主要经济体都从本国利益出发制定互联网和数字经济规则。这些政策差异不但阻碍了数据自由流动，还引发了贸易投资保护主义。如何在推动数据自由流动的同时确保数据安全，这是全球生产网络不得不面对的一个问题。

在竞争力提升方面，全球生产网络不仅需要发达的交通和物流体系，更需要建立健全竞争优势决定因素所需要的各种正式和非正式制度。哈佛大学教授迈克尔·波特认为，竞争优势来源于要素条件、需求条件、相关产业和辅助产业、企业战略结构和竞争方式四个基本因素，以及机遇和政府两个辅助因素，这就是所谓的"钻石模型"。由于参与国家（地区）之间在市场体系健全程度、经济发展水平、知识产权保护意识、法律执行状况、信用和信任水平等方面存在差异，上述竞争优势决定因素融合还面临着一系列障碍。

在贸易投资争端解决方面，产品内分工使贸易投资争端更加复杂，全球生产网络迫切需要与之相适应的争端解决方式。在产品内分工条件下，国际分工合作从产业内延伸到产品内，涉及社会生产生活的各个方面。由于有限理性和信息不完全性，各参与者在缔结协议时不可能把所有情况都囊括在契约条款中，而且在执行过程中还受到当地法律体系健全程度的影响。特别是随着互联网和数字技术在国际生产中应用，传统的国家地理边界日益模糊，属地和属人管辖权归属存在争议，传统的法院和仲裁等争端解决方式也面临着一系列挑战。

第四章：制度型开放的供给分析。在第三章全球生产网络制度需求分析的基础上，本章分析制度型开放的供给状况。全球生产网络迫切需要重塑国际经济规则，但受制于 WTO 协商一致决策原则，以及不同类型国家在经济利益、价值观念等方面的差异和冲突，WTO 现代化改革和"边境后"制度开放困难重重。面临集体行动困境，以美国为首的发达国家更多地转向了双边或区域经济合作。国际经济规则重塑体现在以下几个方面：

在区域生产网络及其价值体系构建方面，竞争力和商务便利化条款在加强原产地规则和优化营商环境的同时，由各国政府代表组成的委员会通过多种途径征求专家意见，并邀请各类团体进行政策评估，努力促进物流产业发展和打造高效供应链体系。

在提升区域生产网络参与能力和制度建设方面，中小企业和发展能力援助条款分别要求设立由各方政府代表组成的中小企业委员会和合作与能力建设委员会，通过提高信息可获得性、经验交流等途径帮助中小企业参与并有效融入全球供应链项目，并通过多种途径促进专家、信息和技术交流，分享政策和程序方面最佳做法，讨论和审议未来合作和能力建设活动相关问题或建议。在促进区域生产网络履行社会责任方面，环境和劳工权益保护条款将以往协议中软性规定升级为硬性义务，并且加强了国际监管。

在政府管理模式改革方面，发达国家积极倡导"准入前国民待遇+负面清单"和"竞争中性"，减少政府对经济活动的不当干预。"竞争中性"条款认为，所有权只是界定国有企业的其中一方面，即使民营企业也可能违反"竞争中性"原则，判断标准主要是政府是否对企业拥有控制力，企业是否被"授予政府职权"或是否履行了政府职能。"竞争中性"规则的实施要求各方至少提交一份完整的年度披露清单，包括政府拥有或控制国有企业及其业务权益市场份额、担保、国有银行贷款利率及条件、土地使用权出让等各种形式的政府支持，以及国有供应商供货合同和重大采购合同参与情况、重要关联方交易情况、重大风险因素等。

国有企业治理要遵守以下两个原则：在"商业考虑"原则方面，国有企业和指定垄断企业在从事商业活动时，价格、质量、可获性、适销性、运输和其他购销条件都应当以利润为基础，并受市场力量约束；在"商业考虑"难以测度时，应参照相应行业的私营企业在商业决策中通常考虑的因素。在非商业性援助条款方面，缔约方不得向国有企业提供直接或间接的资金转移、债务转移，或以比市场更优惠条件向国有企业提供货物或服务；国有企业不能为信誉不佳或资不抵债的另一国有企业提供信贷担保；国有企业选择债转股时必须与私营企业行为相一致，否则将被禁止。在信息透明度方面，发达国家往往要求缔约方在官方网站上公布国有企业名单、指定垄断或扩大现有垄断的范围，并且应另一缔约方书面请求，缔约方应立即以书面形式提供有关国有企业或指定垄断企业的所持股份及其投票权、特别持股或特别表决权或其他权利、担任高管的政府官员职务、最近三年年收入和总资产、享有的任何豁免、年度财务报告和第三方审计、股本注入政策方案及其法律基础、已采取或维持的非商业援助形式及其对应金额等信息，以及评估非商业援助对缔约方之间贸易或投资的影响或潜在影响。

在政府采购方面，高标准国际经贸规则相关条款严格规定采购招标和决标过程中相关参与主体的信息发布流程，要求参与主体多边化、多样化，非歧视地向外国投标人同等开放政府采购合同，鼓励中小微企业参与政府采购；采购过程要高度市场化，各参与主体要公平、自由、开放地参与竞争，并且通过组建政府采购监管委员会、标准监管流程以及反腐败等，保证政府采购过程的公平性和透明度；政府采购还要体现社会责任理念，强调对自然资源和环境的保护，加大数字化产品采购及采购过程中的信息化技术运用。

发达国家在加强监管合作的同时，也在国内监管中积极推行良好监管实践，促进监管政策内容和执行统一。相对于不同经济发展水平国家之间国际监管协调而言，发达国家（地区）间监管一致性水平更高，它们更侧重于良好监管实践规范，而且可以实现监管体系相容和监管措施回溯修正。监管一致性条款主要内容通常包括监管一致性原则和目标、建立协调和审议程序或机制、监管影响评估、透明度和公众参与、监管磋商合作、监管措施回溯、促进监管相容性等。

在透明度和反腐败方面，前者要求缔约方法律、法规、程序和行政裁定等相关信息发布渠道多元化，发布时间要迅速、准确，提高公众参与度并允许公众质疑、评论，而且对重大实质性评论在显著位置给予解释；后者重在推行高效、透明的海关程序，促进公共部门以外的个人和团体积极参与预防和打击影响国际贸易或投资的贿赂和腐败行为。

在国际投资争端解决方面，大多数国际投资协定都鼓励将磋商与调解作为提起国际仲裁的前置条件。在磋商与调解失败的情况下，国际仲裁成为另一种国际投资争端解决方式。在《北美自由贸易协议》（NAFTA）之后的投资协定中，美国坚持实行投资者—国家争端解决（ISDS）机制，《美国 2012 年双边投资协定》进一步明确了准据法和合并审理制度，以减少国际投资仲裁裁决不一致问题；《美国 2012 年双边投资协定》和《美国—墨西哥—加拿大协定》（USMCA）通过提升仲裁透明度和引入"法庭之友"来弥补仲裁实践中对公共利益关注不够的缺陷。特别是对于政府合同纠纷，投资者提起仲裁请求的依据没有限制，既可以主张东道国违反了国民待遇和最惠国待遇，也可以主张东道国行为违反了公平与公正待遇或者构成了间接征收。

近年来，国际商事法庭代表了另一国际投资争端解决改革方向，其做法是设立一个类似于常设仲裁庭的机构。国际商事法庭的典型代表是新加坡国际商事法庭（SICC）、荷兰国际商事法庭（NCC）、阿联酋迪拜国际金融中心法院（DIFC）等。与一般国内法院相比，国际商事法庭法官构成更加国际化，程序、证据等务实灵活，而且诉讼语言也选用了国际通用的英文。

作为全球化的主要参与者，中国积极对标高标准国际经贸规则，创造良好的营商环境。目前，以自由贸易试验区为引领的"准入前国民待遇+负面清单"政府管理模式已在全国范围内推行。自 2018 年起，我国已出台四版市场准入负面清单，基本上做到每年都有缩减，特别是在第三届"一带一路"国际合作高峰论坛开幕式上的主旨演讲中，习近平主席提出全面取消制造业领域外资准入限制措施，主动对照国际高标准经贸规则，深入推进跨境服务贸易和投资高水平开放，扩大数字产品等市场准入，深化国有企业、数字经济、知识产权、政府采购等领域改革。

2021 年，我国又发布了首份跨境服务贸易领域负面清单《海南自由贸易港跨境服务贸易特别管理措施（负面清单）》（2021 年版）。同年中国也完成了《区域全面经济伙伴关系协定》（RCEP）核准，成为率先批准协定的国家，并且正式提出申请加入《全面与进步跨太平洋伙伴关系协定》（CPTPP）。

第五章：全面制度型开放的实施路径。本章是第二章至第四章所提出的制度型开放理论分析框架的运用。在制度型开放过程中，我国采用了"强制型+渐进式"制度变迁模式。虽然这种制度变迁模式有利于政策出台，但在执行中却面临着一系列问题。本章从以高标准国际经贸规则为目标的高水平制度均衡实现角度探讨制度型开放的路径，认为制度型开放既需要政府从制度供给层面出台高标准国际经贸规则，也需要通过构建区域生产网络及其价值创造体系创造出制度变迁需求。具体来说，本章主要内容如下：

目前，我国自由贸易试验区制度型开放的思路是选择某一个点推进改革，小处着眼，大处开花。从本质上说，自由贸易试验区引领的制度型开放是一种"强制型+渐进式"制度变迁方式。这种制度变迁方式可以依靠政府权力在较短的时间内出台高标准国际经贸规则，但制度执行过程中可能会遇到阻力。自由贸易试验区内与区外经济基础差异有可能使成功经验在自由贸易试验区外推广达不到预期的效果；自由贸易试验区内和区外制度差异还可能会导致企业制度套利行为，政府监管不一致也可能降低政策执行效果，甚至滋生腐败和寻租，扭曲资源配置。此外，由于中国与发达国家政治经济体制和国情差异，劳工权益保护、竞争中性与国有企业、争端解决机制、数字经济等领域对标难度也相对较大。

为了促进规则执行，政府在出台高标准国际经贸规则的同时，还应快速创造出制度变迁需求，即通过预期收益增加诱使微观主体主动遵守这些新的规则。高标准国际经贸规则主要是为了规范全球生产网络下那些附加值较高，但契约摩擦程度较高、资产专用性较强的国际经济交易行为，而这些经济交易活动正是我国全球价值链升级所需要的。自由贸易试验区应当按照全球生产网络运行规律部署区域生产网络及其价值创造体系，通过"强制型+渐进式"与"诱致性+激进式"制度变迁组合，促使社会经济发展向高水平制度均衡跃进。

第六章：河南省全面制度型开放的政策建议。本章是第五章的延伸和具体化，以河南省制度型开放为例，分别从区域生产网络构建和高标准国际经贸规则两个方面提出了全面制度型开放的政策建议。具体内容如下：

区域价值网络构建的主要措施包括：

在产业公地培育方面，河南省应根据知识中间产品公共属性和市场不完全程度选择与之相适应的产业链、创新链融合发展机制，对各类企业尽可能实施普惠性政策。

在区域价值网络组织方面，河南省应引进全球领导厂商，或者为国内领军企业或制造业单项冠军组织区域价值网络创造有利条件；通过政策引导、行业协会（商会）协调以及开放的供应商选择标准，协助领导厂商与每家企业、每个工艺对接。

在先进制造业选择方面，河南省应以附加值为标准选择重点发展产业，除了新兴产业和未来产业以外，传统农产品加工和食品生产与前沿科技的结合同样可以创造出高附加值。

在数字中枢战略方面，河南省应加快数字枢纽港核心工程、数字应用生态及其配套基础设施建设；在推动数字平台建设的同时，还应为相关企业共同研发、生产牵线搭桥；与行业协会一道帮助领导厂商信息流和知识流系统重构、流程再造和单点优化，在确保数据安全基础上共享 OEM 企业加工过程及其设备数据。

在构建和谐劳资关系方面，由于工人是劳动者、消费者和创新者多重身份的统一体，河南省应充分认识到劳工权益保护对区域价值网络构建的重要意义，尤其是要加强知识和技术密集型行业劳工权益保护。

对标高标准国际经贸规则的主要措施如下：

在准入前国民待遇和负面清单方面，河南省应根据社会经济发展需要进一步缩减负面清单。内资和外资改良种子的努力都应得到支持，在监管方面也应一视同仁，同时完善相关领域立法，加强事中和事后管理；在数字通信行业，应进一步取消云服务领域外商投资限制，允许外资股比不超过 50% 的中外合资企业在华经营云服务；对计算机服务做出市场准入承诺，并纳入"技术中立"条款；进一步扩大金融部门开放，允许外商投资国际海事运输、空运服务中与国家安全关联度较低的辅助性业务。

在劳工权益保护方面，河南省应进一步改革工会，减少官僚作风，增强工会独立性，使其成为维护劳工权益的组织。对于在河南省工作的外籍专业人士，在优惠政策、补贴、住房、养老、医疗、保险、子女教育等方面应让其享受与本土专家同等待遇。

在环境保护方面，河南省应扩大区域及国际环保合作，建立环境友好的绿色生产链。多渠道促进环保商品及服务投资、研发和生产，要求企业将环保理念和相关标准融入原料采购、生产加工、物流运输等每个环节。在污水处理、噪声消除、固体废物处理、废气处理、自然和景观保护、卫生及其他环境服务等方面，进一步取消合资企业要求，消除环保产品进出口壁垒。

在数字经济治理方面，河南省应持审慎包容态度，在大方向上坚持数据自由流动原则，根据数据涉及国家安全等级、安全威胁紧迫程度以及国际合作状况对数据流动进行分类监管。在不违反基于审慎原因的监管要求前提下，原则上不阻止河南省境内的金融服务提供者就日常营运所需要的信息进行处理和转移。

在竞争力提升和商务便利化方面，河南省在加大供应链投资、帮助中小企业参与供应链项目的同时，还应重视营商环境和信息沟通渠道建设。按照世界银行《营商环境报告》要求，深入进行结构性改革，放管结合并重，提高政策制定和监管执法的科学性和透明度；建立专家咨询制度，定期开展研讨会、讲习班或其他能力建设活动。拓宽信息沟通渠道，及时倾听利益相关方诉求，尤其是加强各省（市）之间信息沟通和利益分配协调，尽可能降低财政分权和晋升博弈对区域合作的不利影响。

在中小企业方面，河南省应尽力帮助它们获得国际化经营信息及其所需要的人才。河南省应及时向中小企业推送外国市场法律、海关规章和市场信息，帮助它们开拓国际市场。此外，河南省还应利用中心城市的数字枢纽优势，打造一些拥有数字采集技术、海量数据资源的平台企业，利用它们在数据流、技术流、资金流、人才流、物资流等方面的优势，弥补中小企业信息贫乏和国际化经营能力不足的缺陷。

在发展能力援助方面，河南省应协助解决区域价值网络构建和运行中存在的问题，促进区域产业链创新链融合发展。除了推动区域经济合作中企业管理和政府服务信息化和数字化以外，还应协助领导厂商和高层级供应商搭建开放性招标平台，改革或完善行业协会职能，依靠行业自律来弥补政府监管漏洞和空缺。此外，河南省还应推动与其他国家（地区）之间的科研合作，围绕区域经济合作中的共性问题联合攻关，共同防范和纠正区域经济合作中的机会主义行为。

在竞争中性方面，河南省应通过推行普惠性政策和提高信息透明度，纠正国有企业造成的要素（尤其是高素质人才）配置扭曲和行业挤出效应。尽可能缩减国有企业（或政府具有控制力的私营企业）所从事行业的正面清单，尤其是在不可控和不可预期特征明显的战略性新兴产业以及供应链较长的产业，政府应采用普惠性政策，让民营企业享受与国有企业同等的待遇。国有企业（或政府具有控制力的私营企业）要及时公布股权结构、组织架构、年收入、依法享有的免责和豁免、监管机构等信息；在从事商业活动时要按照商业考虑购买和销售货物或服务。

在政府采购、透明度与反腐败方面，河南省应进一步提升政府采购过程的公平性和透明度；强化政府采购监管体系改革，建立和完善政府采购电子化的标准、规范及其相关措施。此外，在政府采购过程中还应加强对环境保护的政策支持。

在监管一致性方面，河南省应加强开放程度较高行业的监管合作。一般来说，更高程度的开放是与更健全的事中和事后监管相对应的。河南省应进一步规范和细化国家安全审查制度，加强事中和事后市场监管合作，特别是要加强同外资企业母国相关部门监管合作和政策协调，以防范和管控开放程度较高行业的风险。同时，借鉴发达国家的管理实践经验，将那些虽然未被纳入多边经贸规则体系，但对各个具体领域开放合作影响较大的行业标准、行业规则纳入制度型开放范围。

在监管协调程度方面，竞争力和商务便利化、中小企业、合作与发展能力建设、环境保护等条款可以选择合作，即规则统一，甚至相互参与监管；监管一致性、政府采购、透明度与反腐败、争端解决机制等条款可以选择磋商，即大部分规则统一，小部分规则具体情况具体分析；竞争中性与国有企业、非歧视性待遇、负面清单、劳工权益保护等部分涉及政治经济体制的条款，可以选择原则性一致，然后逐步向磋商迈进。

在争端解决机制方面，河南省应建立与区域价值网络相适应的争端解决方式。河南省可以基于双边经济合作的特殊性，向国家提议"量身定制"缔约方所遵守的协议条款。在处理国际投资纠纷过程中，河南省也应引入法庭之友和专家建议等做法。此外，河南省也可以借鉴新加坡国际商事法庭（SICC）的相关做法，按照高标准申请设立真正与国际接轨的国际商事法庭。

第四节 研究的价值和创新之处

本书综合运用多个学科的理论和方法进行创新，从制度变迁视角构建了制度型开放的理论分析框架，既丰富和发展了相关学科，也为中央及地方政府政策制定提供了参考依据。

一、研究的价值

针对制度型开放过程中出现的问题，本书进行了大量的基础理论研究，其学术价值和应用价值主要体现在以下两方面：

（一）学术价值

本书探讨了国际生产方式及其价值创造体系变革产生的制度变迁需求，以及全球经济治理体系变化推动的制度变迁供给，并在上述研究基础上提出中国推动国际经济规则向高水平制度均衡跃进的路径选择。本项研究进一步丰富和发展了制度变迁理论和国际经济规则制定的政治经济学，也是与马克思主义政治经济学中"生产力与生产关系"、"经济基础与上层建筑"理论一脉相承的。

（二）应用价值

当前，以自由贸易试验区为引领的制度型开放是一种"强制型+渐进式"制度变迁。这种制度型开放路径虽然具有"强制型"和"渐进式"制度变迁的优点，但也继承了其缺点。自由贸易试验区内与区外经济基础差异可能导致成功经验在自由贸易试验区外推广时达不到预期的效果；自由贸易试验区内和区外制度差异还可能会导致企业制度套利行为，政府监管不一致也可能会增加制度执行成本，甚至滋生腐败和扭曲资源配置。此外，由于中国与发达国家政治经济体制和国情的差异，劳工权益保护、竞争中性与国有企业、争端解决机制、数字经济等领域对标难度也相对较大。研究对解决上述问题和推进高水平对外开放政策制定具有重要的参考价值。

二、创新之处

本书基于制度变迁理论构建制度型开放的理论分析框架，其创新之处如下：

(一) 学术思想创新

基于制度变迁理论探讨制度型开放的理论逻辑及其实施路径。制度型开放不仅意味着制度"进出口"、制度壁垒消除和制度安排完善，同时它还是一种制度变迁，即向高水平制度均衡跃进。与现有文献中全球生产链上不同生产环节"无缝对接"或者"从要素红利向制度红利转变"的思路不同，本书从国际生产及其价值创造方式变革的制度需求，以及全球生产网络治理的制度供给两个方面探讨制度型开放的理论逻辑及其实施路径。虽然本书也涉及国际生产合作及其价值创造分析，但研究视角是价值网而非价值链。传统全球价值链研究对消费者在价值创造中作用的忽视，链式创新固化以及价值分配中的零和博弈，往往使国际经济合作陷入全球价值链陷阱。因此，在探讨制度型开放需求时，本书不是以全球价值链而是以全球（区域）价值网络为研究对象。

从政府与生产网络关系视角探讨高标准国际经贸规则制定的政治经济学。虽然现有文献认识到高标准国际经贸规则在国内改革、双循环正反馈机制以及高端要素集聚中的作用，但并没有深入研究这些规则制定的机理。本书综合运用全球生产网络理论和公共选择理论，从政府与生产网络关系视角对此进行尝试性探讨。全球生产网络的技术特征、组织特征和社会特征不但要求参与国家"边境后"政策开放，而且也使权力主体多元化，治理机制也更加复杂。多元化的权力结构使传统的政府与市场之间的关系进一步演变为政府与生产网络之间的关系，形成了以政府为主导、其他利益相关方共同参与的全球生产网络治理机制。但是，作为制度供给者，国家产出（税收）最大化和租金最大化这两个目标是矛盾的，这就是所谓的诺斯悖论；国家与政府官员之间的委托—代理关系也可能产生制度执行层面的诺斯悖论。虽然政府在全球生产网络中拥有强制性权力，但国际生产联系和社会网络也使其他权力主体获得了结构性权力，权力博弈及其对诺斯悖论防范催生了当前的高标准国际经贸规则。

（二）学术观点创新

关于制度型开放的路径，中国不但要对标高标准国际经贸规则，更重要的是构建高标准国际经贸规则所依赖的经济基础，即全球（区域）生产网络及其对应的价值创造体系。通过"强制型+渐进式"与"诱致性+激进式"制度变迁组合，才能打破低水平制度均衡的路径依赖，推进以高标准国际经贸规则为目标的制度型开放。

关于制度型开放的执行机制，本书从不完全契约执行视角提出了两种解决方案：激励机制和结构性权力。从某种程度上说，人们对制度变迁的需求就是对效益更高的新制度的需求，全球（区域）价值网络不但提供了商品要素流通和知识创新的载体，而且避免了全球价值链陷阱，提供了企业遵守高标准国际经贸规则的激励。在全球（区域）价值网络参与者之间也存在着千丝万缕的联系，联系的敏感性、脆弱性及其不对称依赖成为结构性权力的重要来源，成为高标准国际经贸规则执行的另一推动力量。

（三）研究方法创新

本书通过学科交叉进行理论创新。无论是制度变迁视角下的制度型开放理论体系构建，还是高标准国际经贸规则制定的理论探讨，都综合运用了国际投资学、全球生产网络理论、制度经济学、国际法学和国际政治经济学等相关学科的理论和方法。

第二章
制度型开放的性质

当前，发达国家掀起了新一轮国际经济规则重塑，中国也试图把自由贸易试验区打造成为制度型开放新高地。把发达国家所倡导的高标准国际经贸规则作为先行先试的目标是否合适？如何推动以自由贸易试验区为引领的全面制度型开放？要回答这些问题首先要弄清楚制度型开放的性质。

第一节　国际生产方式变革与国际经济规则重塑

正如马克思在《政治经济学批判》序言中所述："随着经济基础的变更，全部庞大的上层建筑也或慢或快地发生变革。"国际生产方式变革使传统的政府与市场之间的关系演变为政府与生产网络之间的关系。为了充分发挥其他权力主体作用和约束政府滥用行政权力而造成的资源配置扭曲，高标准国际经贸规则旨在推动以政府为主导、其他利益相关方参与的全球生产网络治理机制。

一、全球生产网络的组织特征

随着交通和通信技术发展，生产过程的可分性大大增强，特别是模块化生产技术的发展，使得中间产品的交易效率超过了劳动力的交易效率，国际劳动分工依次经历了产业间分工、产业内分工和产品内分工，进一步延伸到工序内分工。国家（地区）间资源禀赋差异，以及不同企业资源异质性，也为不同生产环节和工序按照比较优势在全球范围内优化配置提供了可能性。从整个生产体系来看，生产过程垂直分离使那些原来在同一企业内部执行的生产任务可以分散配置到其他具有比较优势的企业中去，一个企业可能只从事生产链条中某一环节或工序的生产。

全球生产网络是在这种情况下出现的新的组织形式，它不同于传统的国际市场，也不同于跨国公司，而是建立在关系契约治理基础上的一种组织形式。在传统生产方式下，企业单纯依靠某一类资源并不足以获得持续的竞争优势，其他企业所拥有的非完全流动、不可替代的异质性资源也无法通过市场交易获取。为了与其他企业共享或交换有价值的资源，那些具有先进技术和管理、知名品牌和销售渠道等核心能力和关键资源的跨国公司，在全球范围内寻找合作伙伴，建立起以自己为中心的生产网络；那些没有或较少具备核心能力和关键资源的企业，也主动或被动地融入到这个生产网络中，以求在合作中提高企业的竞争力。

在这种介于市场和企业之间的混合组织形式下，产品内分工主要表现为企业内分工以及企业间分工，企业对这两种产品内分工选择的结果最终体现为垂直一体化和全球外包。从企业视角看，垂直一体化和全球外包又是"购买还是制造"中间投入品的决策结果，决策的关键是中间投入品生产所需专用性投资的产权归属问题。前者意味着生产网络成员拥有资产专用性投资产权并自己生产中间产品，后者不拥有资产专用性投资产权而从上游企业采购中间投入品。

在垂直一体化和全球外包下，产权不再是跨国公司及其子公司业务联系的主要决定因素。除母子公司关系外，它们还同外部不存在产权关系的合作伙伴保持着密切的业务联系。母公司和子公司所服务的对象不再是各自所在区位的独立、分散的市场，而是整个跨国公司体系所占据的区域市场或全球市场，最终形成了由母公司、子公司、合资公司、供应商、承包商、分销商以及战略联盟伙伴共同参与的全球生产网络。

从全球角度来看，各个国家（地区）基于本国要素禀赋和制度优势参与国际分工合作，全球生产过程全球垂直分离。但是，由于各个国家（地区）的区位优势不同，全球垂直分离在空间分布上并没有趋于均衡，而是出现了地方产业集聚的现象。地方产业集聚和全球垂直分离的力量是相反的，但在全球化下二者并行不悖，分离是为了利用各国（地区）的比较优势，而集聚则是为了化解分离过程中出现的各种摩擦，它们共同推动了全球生产链的稳定运行。

一般来说，不同类型的国家或地区往往都有各自的民族文化和价值观念，这些国家（地区）参与全球生产网络的企业和组织，如企业、非政府组织、消费者协会、商会等，它们的管理模式及其行业规则和标准也可能存在差异。这种文化差异和制度距离可能会造成"接合性错误"，即所需要的与能够达成的事务之间有部分或全部的落差。在不完全契约下，"接合性错误"有可能导致机会主义行为产生。

产业集聚不但可以降低集群内企业间频繁送货的运输成本和货物检验成本，而且在地方产业集群里，社会经济交往过程中形成的较为稳定的联系机制，促使具有不同社会文化背景企业的价值观念相互碰撞和融合，并形成了共享的价值观念，减少了彼此猜忌，增进了彼此信任。相互信任又进一步促进了合作，使企业间关系逐渐从短期交易发展为长期合作，事实上形成了一种关系契约。关系契约约束了机会主义行为，大大降低了资产专用性投资被"锁定"的风险，进一步推动了跨国公司全球外包扩张，维护了全球生产链的有效运行。

二、全球生产网络的制度依赖

国际分工合作深化和经济交易复杂化迫切需要更高标准的国

际经贸规则。在全球生产网络下，传统的要素和商品贸易演化为不同生产任务的交易，专业化服务、信息、技术等专用性较强而契约化程度较低的生产要素流动更加频繁，人工智能、大数据等为代表的新兴产业迅速发展。但是，产品内分工也使原来通过跨国公司内部化消除的、与不完全契约和资产专用性相关的风险再次暴露出来。制度是降低交易费用、增加合理预期的一种行为规则，国际生产方式变革需要相适应的制度变迁。高标准贸易投资规则主要是用来规范全球生产网络下的上述交易行为，即通过规范现在、保护未来，减少市场干预和增强社会责任意识，来促进全球生产链上资产专用性高、契约化程度低的经济交易。

全球生产链较强的制度溢出效应迫切要求各参与国加强监管一致性。在全球生产网络下，产品内分工已渗透到参与国家社会生活的各个方面。然而，在传统的国际生产和政府管理模式下，内政和外交各司其职。在产品内分工条件下，复杂的国际生产联系跨越了国界，国有企业成为全球生产网络的参与者，国内事务管理也成为全球生产链管理的一部分，劳工、环境、知识产权、财政补贴、国有企业、政府采购、数字经济等"边境后"的规则也影响和制约着全球生产链上要素配置和分工合作。全球生产链稳定运行亟须各参与国家（地区）实施深度经济一体化，加强监管一致性，促进监管合作，建设开放、公平、可预期的营商环境。为了降低政策差异引致的交易成本，以及规范歧视性待遇引发的套利行为和不公平竞争行为，全球经济治理需要以"边境后"开放取代过境开放,以全方位、系统性的制度型开放取代碎片化的政策开放。

三、全球生产网络的权力结构

全球生产网络具有较强的社会属性,权力主体呈现多元化,治理机制也更加复杂。除了领导厂商和高层级供应商以外,全球生产网络的权力机构还包括政府机构、政府机构联盟(如 EU、ASEAN 和 USMCA 等)、政府间组织(如世界贸易组织、国际货币基金组织、国际劳工组织等)、国际信用评级机构、非政府组织(如 AmCham、JETRO 等商会、工会和各类行业协会)等机构。

在宏观层面,民族国家与全球生产网络之间既呈现出互利共赢的一面,又为彼此合作付出了相应代价,即二者之间存在着罗伯特·基欧汉和约瑟夫·奈所说的相互依赖。对于东道国来说,外国直接投资为本国带来了经济发展所需要的资本、技术和进入世界市场的渠道,进而促进了当地经济发展和就业增长。但是,融入全球生产网络也意味着国家经济主权让渡,这可能会对本国经济安全、文化价值观念、生态环境等产生不利影响,甚至在某些情况下还可能危及东道国国家安全。对于全球生产网络下的跨国公司来说,对外直接投资使其获得了所有权优势、内部化优势和区位优势,但也使其受到东道国行政法规约束,尤其是行政特别权滥用可能使其面临内部化战略失灵风险。

在全球生产网络下,国际生产联系使不同国家(地区)之间的相互依赖呈现出较强敏感性，一国所处生产阶段变化和调整将引起其他国家所处生产阶段的连锁反应。尽管国家间基于比较优势的分工合作创造出了更多的财富，但不同国家在生产链上所处阶段不同，也使彼此依赖呈现出非对称性，在这种情况下，那些处于全球生产链两端的国家对其他国家的依赖相对较小，其技术优势和市场规模往往成为一种权力来源，可以在某些问题上讨价还价甚至借之影响其他问题。

在微观层面，根据不同企业对全球生产链控制程度不同，可以把全球生产网络成员划分为领导厂商、高层级供应商和低层级供应商。领导厂商和高层级供应商一般拥有自主性技术或知识产权，它们大多从事了研发设计、品牌销售等环节的生产，并获取了品牌租金、关系租金和组织租金等。低层级供应商则处于从属地位，它们大多从事了加工制造等低附加值环节的生产，所获得附加值较低而且非常容易被全球生产网络所抛弃。国际生产联系使它们之间产生了相互依赖，但依赖具有较强的不对称性。低层级供应商对全球生产网络依赖的敏感性和脆弱性，成为领导厂商和高层级供应商对全球生产链控制的权力来源。

在中观层面，作为衔接政府与企业之间的非政府组织，行业协会商会搭建了行业内交流合作和行业间沟通联系的平台，能够获得政府和企业两方面信息，把握行业发展形势和面临的问题；可以突破部门与地区界限整合资源，链接产业上中下游，维护会员企业合法权益，推动行业自律，组织行业规划、标准制定和技能资质考核，提供业务咨询和培训等方面服务。凭借专业、信息、人才、机制等市场资源配置方面的优势，行业协会商会具有能做企业想要做但靠单个企业做不到的事；能做市场需要做却又无人牵头去做的事；能做政府想要做却无精力去做的事。

由于全球生产网络具有较强的社会属性，国际环保和劳工组织在促进企业履行社会责任方面也发挥着重要作用。例如，世界环保组织（IUCN）、世界自然基金会（WWF）、全球环境基金（GEF）等组织的宗旨是与国际机构、社会团体及私营部门合作，保护自然的完整性与多样性，确保自然资源使用上的公平性以及生态上的可持续发展。国际劳工组织通过公约和建议书等形式制定国际劳工标准以及提供援助和技术合作，促进充分就业和提高生活水平，推动劳资双方合作，扩大社会保障措施，保护工人生活与健康。此外，作为一种自发性的、依托于劳动者和其他团体而形成的非营利性团体，工会主要服务于行业内员工，旨在通过协商、谈判等方式促进当地就业和改善工人权益。

由于全球生产网络地理嵌入和网络嵌入在特定的社会文化背景下，跨国公司经营活动会在一定程度上受到国家制度环境的影响。作为主权国家，东道国是以自己领土上政治、经济、社会、文化和军事等方面事务的主宰者身份出现的。因此，在全球生产网络的利益相关者中，东道国政府居于主导地位，具有强制性权力。但是，国际生产联系也使其他利益相关者获得了结构性权力。在全球生产网络治理方面，除了传统的政府与市场的关系以外，政府还应处理好与跨国公司、非政府组织、政府间组织等其他利益相关者的关系。为了促进对外投资和加强海外投资保护，母国需要通过主权让渡促进国际经济合作的意愿，而且数字经济和互联网的无界性模糊了地理界限，国家权力执行有赖于国际社会合作，政府与利益相关者关系协调成为制度型开放的主要内容。

四、全球生产网络治理的变迁

相对于跨国公司来说，全球生产网络下经济交易活动更加复杂，国际生产联系更强，资产专用性投资暴露风险更高，不完全契约问题更加突出，与之相关的交易成本更高。面临国际生产中的外部性和机会主义行为，产权界定和行使是全球生产网络稳定运行的基础。

由于国家具有强制性权力，国家在界定和行使产权方面具有比较优势。政府的目标是福利或效用最大化，即税收最大化和租金最大化。其中，税收最大化主要通过选择有效率的产权制度以降低交易费用，进而使社会产出最大化来实现；租金最大化主要通过在要素和产品市场上所有权结构的歧视性界定获得。但是，税收最大化和租金最大化这两个目标是矛盾的，税收最大化（社会产出最大化）要求建立一套有效的产权制度使要素配置最优化，这与国家通过干预要素供给和商品价格控制实现租金最大化的目标相互冲突，这就是所谓的诺斯悖论。

除了产权制度以外，全球生产网络下国家的其他制度供给也可能存在诺斯悖论。国家制度供给的理想结果是政府利益和民众利益一致，但政府官员的偏好和有限理性、制度设计缺陷、制度执行不完全等都可能导致两者产生利益冲突，那些设计意图美好的政策在执行过程中也可能变为使官僚机构本身受惠的政策。事实上，国家与政府官员之间也存在委托—代理问题，即使没有制度缺陷的政策也可能因官员利益与国家利益不一致而得不到有效的执行，甚至出现"上有政策，下有对策"的局面。此外，在制度供给过程中，弱势群体参与政策制定途径不畅，他们的意见也得不到充分的反映。

基于上述原因，高标准国际经贸规则中有相当多的条款通过约束政府行为来减少资源配置扭曲。在全球生产网络下，市场和网络而不是政府在资源配置中发挥决定性作用，政府治理体系现代化就应当以监管而不是以审批为主，高标准国际经贸规则要求采用"准入前国民待遇+负面清单"的政府管理模式。针对政府租金最大化对社会资源配置的扭曲，高标准国际经贸规则通过"竞争中性与国有企业"条款对国有企业享有的超出私营部门竞争者的优惠待遇加以规范，通过"透明度与反腐败"、"公众参与度"以及"政府采购"等条款确保程序公平。为了确保规则执行，除了通过"监管一致性"条款进行联合监督以外，高标准国际经贸规则还通过"磋商"或"投资者—国家争端解决机制"等条款来纠正政府违规行为。此外，高标准国际经贸规则还通过"环境保护"、"劳工权益保护"、"法庭之友"等条款来确保社会公共利益和弱势群体利益。

在约束政府行为的同时,高标准国际经贸规则还试图通过国际合作增加公共产品供给。例如,高标准国际经贸规则通过"中小企业"、"发展、合作与能力建设"等条款提升企业和国家参与国际分工合作的能力,通过"知识产权"、"竞争力与商务便利化"等条款降低区域分工合作中的制度摩擦,并通过"不符措施"、"例外条款"等确保国家安全。

总体来看,高标准国际贸易投资规则具有以下几方面特征:政府管理模式创新被提高到一个新高度,条款执行机制被视为国际贸易投资规则的生命,合作与发展中国家能力建设比以往更受重视,坚持国家主权安全与外国投资者利益平衡,社会责任范围不断扩大,条款可执行性大大增强。当然,国际贸易投资规则还有进一步改进的空间,应引入能够体现全球生产网络治理特征的贸易投资争端解决方式,技术标准的公共产品属性也应得到世界各国的充分重视。

第二节 国际生产联系与制度型开放

现有文献表明,制度也是比较优势的一个重要来源。制度差异不但导致了国家间经济发展水平不同，而且增加了国际经济活动的交易成本。现行国际经济规则本身就是制度协调的产物，其目的是增加国际经济交易的合理预期，促进国际经济合作。国际生产方式变革以及国际生产联系的敏感性和不对称性进一步深化了制度协调程度。

一、制度质量与比较优势

制度是一套正式和非正式规则及其规则的执行安排，其作用是制定和执行对交易活动的正式和非正式约束。如果我们从博弈角度看待社会经济中的交易行为，制度就是降低交易费用、增加合理预期的行为规则。制度通过对博弈参与人、博弈规则和博弈均衡策略的规定，提高了参与人对交易行为和结果的合理预期，降低了交易的费用。制度以一种自我实施的方式制约着参与人的策略互动，并反过来又被他们在连续变化的环境下的实际决策不断再生产出来。制度对交易主体施加的一系列激励或约束性质的行为规范，通过政治、经济、社会等各种体制形成一定的社会秩序，从而构成各种经济活动和经济关系展开的框架。

制度与经济增长文献研究发现，制度和其他传统生产要素同样重要，在统计学意义上，即使控制了要素禀赋等因素以后，制度也是比较优势的重要决定因素。[①] 从一个国家来看，社会、政治和经济制度可能会给企业带来国家专用优势或劣势，企业的战

---

① 请参阅 Helpman（2004）、Acemoglu 等（2005a）和 La Porta 等（2008）方面的文献。

略选择是公司专用优势、产业条件和国家专用优势（劣势）相互作用的结果。从全球来看，各国制度质量差异使它们在不同产业获得了不同的比较优势。

由于不同国家在要素禀赋和制度质量方面存在差异，不同产品或同一产品的不同生产环节的制度依赖程度不同，它们在不同产品上具有不同的比较优势。每个国家集中生产并出口具有比较优势的产品，进口具有比较劣势的产品，各个国家都可以从专业化分工和国际贸易中得益。每个国家的企业把自己的所有权优势、内部化优势与东道国的区位优势相结合，通过防御性对外直接投资或者转移失去竞争力的边际产业，也可以获得更高的利润。

二、制度协调与国际经济规则

制度质量差异不但引致了国家间比较优势和经济发展水平差异，而且增加了国际要素和商品流动的交易成本。经济全球化迫切需要国际社会建立一套透明、可预期的国际经济规则，要素和商品流动自由化不但需要各个国家扩大边境政策开放，降低关税和非关税壁垒，而且需要彼此加强"边境后"政策协调。

世界经济史表明，现行国际经济规则本身就是制度协调的产物。例如，在中心—外围体系下，英国工业发展和国内产业投资目标主要指向国外市场，在1849～1880年这段顶峰时期，英国奉行的是自由贸易战略，努力建设一个立足于自由贸易、非歧视以及平等对待，而非控制和占有殖民地的开放、相互依赖的世界经济。同样地，在美国取代英国成为世界霸主以后，美国也表现出对多边主义和自由贸易的支持。在美国主导下，国际社会经过艰难的磋商和协调，建立了世界贸易组织（前身是《关税与贸易总协定》）、世界银行、国际货币基金组织等国际机构，奠定了第二次世界大战后的全球经济秩序。

世界主要经济体对外开放经验表明，国际制度协调程度随着国际经济合作深化而增强。在经济发展早期阶段，日本、韩国和德国等主要经济体主要是基于本国社会经济状况制定政策。在日本和韩国经济发展的早期阶段，它们根据自身的经济利益和战略需求限制产品进口或外资进入，按照政府设定的方向选择性开放，针对竞争力各不相同的产业选择了不同的贸易自由度，并运用各种贸易壁垒限制进口，采取各种优惠政策促进出口，有效地保护了国内市场。但是，随着国际经济合作深化，资源整合和市场融合需求迫使它们也加快了本国制度与国际通行规则协调的步伐。由于日本、韩国经济发展具有高度外部依赖性，这种具有单边特征的对外开放模式违背了国际政策和规制协调的原则和宗旨，导致经贸摩擦频发，不利于国家长期稳定和可持续发展。在这种情况下，它们不得不加强了自身制度体系与其他国家制度体系的协调。同样地，德国在第二次世界大战前采取的也是贸易保护主义，战后认识到区域经济合作对于欧洲经济复兴的重要性，于是积极推动欧洲国家建立关税同盟（1968）、基本建成欧洲统一大市场（1993）、成立欧元区（1999），并在 11 个成员国间建立了货币联盟。

三、国际生产变革与高标准国际经贸规则

作为上层建筑的一部分，国际贸易投资规则也将随着生产力发展和生产关系变化而不断演进。随着交通和通信技术发展以及贸易投资便利化措施的不断推进，国际劳动分工从产业间、产业内进一步延伸到产品内，形成了以跨国公司为主导的全球生产网络，国际生产联系的制度溢出性大大增强，市场准入、政府管理模式、国有企业、数字经济、知识产权、环境和劳工等边境内政策也影响和制约着全球生产网络稳定运行。特别是在数字化和互联网推动下，物联网、云计算、大数据、智能终端、虚拟社区与全球生产网络融合，又进一步改变了全球生产网络的创新和价值创造模式。

在这种情况下，原有的边境开放政策已不能完全适应新型要素流动和跨境贸易投资新模式、新业态的发展了。国际生产方式和价值创造体系变革要求国际社会制定出与之相适应的国际贸易投资规则。在传统的国际生产和政府管理模式下，内政和外交各司其职。然而，在全球生产网络下，复杂的国际生产联系跨越了国界，国内事务管理也成为全球生产链管理的一部分。为了降低全球生产网络交易成本和创造出更高价值，各国不但要进一步降低边境关税壁垒和非关税壁垒，还要就"边境后"的标准、程

序、规则、监管等进行制度协调，促进国内规则与国际通行规则接轨。

近年来，发达国家在双边和区域层面上掀起了新一轮国际经贸规则重塑的浪潮。虽然在 2001 年多哈会议和 2003 年坎昆会议上 WTO 也试图就"边境后"政策进行谈判，但由于决策机制局限性以及不同国家利益冲突，各国并没有达成一致意见。面临国际生产方式变革带来的挑战，在新加坡议题磋商遇阻的情况下，近十年来发达国家在积极推动 WTO 现代化改革的同时，又在双边和区域层面上积极推进高标准国际经贸规则。

对于中国来说，制度性开放有助于深化我国与全球生产链上其他国家合作。国际生产方式变革不但要求现行国际贸易投资规则进行相应调整，而且对参与国"边境后"规则一致性提出了更高要求。特别是在逆全球化风潮持续抬头、各国经贸合作深度和广度不断提升导致各国制度外溢效应持续增强的大背景下，制度型开放既是国内高质量发展的必然要求，也为中国拓展经济发展外部空间创造了有利条件。高标准国际贸易投资规则不但有助于我国厘清政府与市场的关系，刺激国内消费需求，引导更多要素流向研发、品牌和营销等高附加值环节，还可以降低与全球生产链上其他国家互补性分工合作的交易成本，形成以国内大循环为主体、国内国际双循环相互促进的新发展格局。

第三章

制度型开放的需求分析

在第二章制度型开放性质分析的基础上，第三章和第四章分别从制度变迁需求和制度变迁供给两个方面探讨制度型开放的理论逻辑，并与第二章一起构建了制度型开放的理论分析框架。本章从全球生产网络下价值创造体系重构视角探讨制度变迁需求，为自由贸易试验区理解和执行高标准国际经贸规则奠定基础。

第一节　全球价值创造体系重构

对消费者在价值创造中作用的忽视、链式创新固化以及价值分配中的零和博弈使全球生产链陷入价值链陷阱。全球生产网络的价值创造体系要以产品为附加值的核心载体，从产品主导走向产品服务一体化主导，从销售产品转向为消费者（客户）提供整体解决方案。①

一、全球价值链陷阱

哈佛大学教授波特认为，每一个企业都是用来进行设计、生产、营销、交货以及对产品起辅助作用的各种活动的集合。在不同生产环节的市场交易成本大于企业内交易成本时，企业就从事所有生产阶段的生产。随着信息通信技术和模块化技术在生产中的广泛运用，在市场交易成本低于企业内交易成本的情况下，不同生产活动就沿生产链垂直分离，即生产链就片段化了，原来在同一个企业内执行的生产任务可以分散配置到具有比较优势的其他企业中进行。国家（地区）间要素禀赋差异、企业资源异质性等为全球范围内企业间互补性分工合作提供了客观物质条件。由于这些活动所构成的生产过程也是价值创造的过程，培育在高附加值生产环节的竞争优势成为企业和国家关注的焦点。

价值链视角的经营战略可能使全球生产链陷入价值链陷阱。价值链分析表明，在生产活动中，每个环节的价值创造能力并不是均等的，高附加值生产环节是价值链的战略环节，企业要获得行业内竞争优势，关键是要培育高附加值生产环节的核心竞争

---

① 本节写作受到机械工业信息研究院陈琛研究员的报告《新时代先进制造业的发展现状及趋势》启发，在此表示感谢。

力。在全球价值链上，参与企业之间价值分配更多地表现为一种零和博弈，微笑曲线形象地描绘出不同生产环节所获得的价值份额。

在全球生产链上，大多数企业努力的目标是占据研发和品牌营销等高附加值生产环节，或者在生产中采取规模经济和低成本制造的成本领先战略，忽略了消费者在价值创造中的作用。在这种价值创造和分配思路下，虽然全球生产链可以生产不同种类产品，但因无法实现规模经济，难以实现个性化产品或服务定制。特别是随着互联网和数字技术在生产中的广泛应用，不同产业之间的关联程度更高，全球生产网络涌现出了一些跨行业的超级制造者，原有企业不但要与同一生产链上其他企业就价值分配进行博弈，还要面临跨行业竞争对手对原有生产链生存空间的挤压。

二、全球价值网络构建

全球生产网络需要重构价值创造体系以避免陷入价值链陷阱。在市场经济环境下，价值实现的前提是产品或服务满足市场需求。根据竞争优势理论，以满足消费者（客户）个性化、挑剔性需求为目标的差异化战略将成为价值创造的另一个途径。消费者（客户）不仅是价值接受者，而且是价值创造的重要力量，他们的需求可以拉动生产链创新，生产链创新反过来也可以更好地满足他们的需求。

在这种情况下，领导厂商不但需要组织生产链，而且要建立起包括消费者（客户）、专业化供应商甚至竞争对手在内的价值创造网络，允许消费者（客户）表达产品或服务需求，甚至参与产品或服务设计，运用数字化的关系网络将这些需求信息准确及时地传递给供应商，在消费者（客户）与供应商的互动中创造出比传统生产链更高的价值，这也就是美国学者大卫·波维特所说的打破供应链、挖掘隐利润的价值网。在这种价值创造模式下，虽然产品仍然是附加值的核心载体，但全球生产网络的价值创造从产品主导走向产品服务一体化主导，从销售产品转向为消费者（客户）提供整体解决方案。

信息系统是全球生产网络流程再造和单点优化的切入点。对于企业来说，如果按照传统的批量生产模式进行客制化生产，就可能导致生产活动与生产方式不匹配，而且在传统管控、考核体系下，工人可能只关心考核内容，不关心品质改进、交货期、整体效率等。通过信息系统重构，企业可以在产品设计阶段将概念设计、结构设计、工艺设计、最终需求等结合起来，在生产阶段利用信息传递倒逼流程再造，开发出细胞生产、固定变动生产等布局及生产编程方法，采用团队工作法，实施全面质量管理，鼓励全员积极参与改善，从而灵活地适应消费者（客户）需求变化。

信息系统重构和数字技术运用有利于打造敏捷（Agile）、可伸缩（Scalable）和快速流动（Fast Flow）的全球供应链。其中，敏捷主要体现为对需求变化、新产品上市或供应商网络再造的响应等方面，可伸缩主要表现为经营资金要求减少、流程时间和步骤被压缩，快速流动主要表现为从订单到交货这一过程迅速、准时。对于传统制造业来说，企业生产需要投入劳动力、资本和技术等要素与配套的物流服务，以及人才培训、投融资、研发设计和仓储物流等现代服务。在信息系统重构引导下，企业间人力资本和技术等要素整合促进了全球生产网络下协同研发，物流和资金流整合催生了融资租赁，数据流在生产流程的嵌入以及对技术流的迭代复用推动了传统制造业向先进制造业演化。

资源整合和信息重构需求催生了数字技术，数字技术反过来也重构了生产网络，奠定了智能制造的基础。以人工智能、区块链、云计算和大数据为代表的新兴产业成为数字时代全球竞争的关键，以芯片为核心元器件的移动互联网、物联网、超级计算机等新技术的广泛运用对原来的生产结构造成了颠覆性影响。从客户需求到与研发、设计、制造、采购、供应、库存、售后服务、运维等相关的大数据也成为数字经济的重要来源，而且每个参与人员都可以提出自己的洞见，参与工艺、产品甚至组织架构优化，在提高生产效率的同时也创造出更多的知识和价值。

跨学科人才和工程管理能力在价值网组织中发挥着重要作用。根据驱动力量不同，全球生产网络可以划分为研发驱动型和品牌驱动型两大类，领导厂商大多处于研发设计或品牌营销环节。在组织价值链方面，领导厂商主要基于契约摩擦和生产阶段重要性进行垂直一体化或外包决策，即把重要而契约摩擦程度高的生产环节一体化，将重要性较低或模块化程度较高的生产环节外包。在新的价值创造模式下，得益于已有的核心能力、关键资源或者新创造出的竞争优势，领导厂商大多继续充当了织网者。一体化和外包主要依赖于开放性的合作平台，信息交互在新价值创造模式下发挥着重要作用，领导厂商只有具备专业知识和能力才能发现其中的问题，才能与网络参与者有效地沟通与合作。因此，除了考虑契约摩擦和生产阶段重要性等因素以外，领导厂商还需要具有与承包商沟通所需要的跨学科技术、知识和人才，并且具备工程和管理能力。

"互联网+工业软件"为价值创造模式转变提供了技术支持。在全球生产网络下，生产任务大体上被划分为要求可编码信息的任务和要求"意会信息"的任务，前者是指那些用系统语言或符号表示的编码化的显性知识，后者是指那些根植于人的身体或头脑而难于编码和沟通的隐性知识，这两种知识可以相互转化。企业将行业内解决问题过程中积累的技能、诀窍和经验等隐性知识显性化，通过建模、求解、算法以及编程，开发出集成程度和复杂程度都很高的工业软件。CAD/CAM/CAE（计算机辅助设计/制造/工程）、CAPP（计算机辅助工艺过程设计）等工业软件可谓智能制造的大脑和神经，它们通过制造过程中的环境感知、自主决策与自律适应，并融入人类智慧和知识经验，实现单机能工巧匠、多机分工协作、人机自然交互，达到数字化制造技术与机器人技术的深度交融，从而提高大型复杂零件、构件制造水平和企业管理水平；ERP（企业资源规划）、CRM（客户关系管理）等企业管理软件与互联网的融合，也使企业间协作关系构建更加便捷。企业内智能制造和企业间协同网络构建共同提高了新产品开发和生产的效率，较好地适应了价值创造模式转变。

地方产业集聚有利于缓解企业合作过程中遇到的制度摩擦。全球生产网络下消费者多样化需求的满足需要上游企业为中间投入品进行专用性投资，而一旦进行了此类投资，它们就可能面临着被锁定和"敲竹杠"的风险。由于信息不完全性和人的有限理性，上下游企业不可能把未来可能出现的各种意外情况都囊括在契约条款中，事前签订的契约是不完全的。特别是在生产任务依靠"意会信息"的情况下，那些只可意会不可言传的"意会信息"，只有通过企业之间频繁的交流，在彼此之间产生共同经验的情况下才能有效地传递，这些也无法在契约中做出具体的规定。在专用性投资比较复杂、契约摩擦程度较高而且第三方（如法庭）也没有相关知识和能力证实，或者证实真伪的成本太高而不可行的时候，契约执行也是不完全的。如果说不完全契约是产品内分工的"先天不足"，那么机会主义的存在又使得产品内分工"后天失调"。地方产业集聚不但可以降低频繁送货的运输成本和货物检验成本，而且各方原有价值观念在产业区内碰撞、融合的过程中形成了共享的价值观念，在相互信任的基础上建立起较为稳定的联系机制，从而促使生产网络内部逐渐从短期交易发展为长期合作，进而形成了一种关系契约。在关系契约治理下，机会主义倾向减少了，资产专用性投资被"锁定"的风险降低了。

产业公地发展状况奠定了全球生产网络创新和价值创造的基础。在《制造繁荣：美国为什么需要制造业复兴》一书中，哈佛大学教授加里·皮萨诺和威利·史提出，产业公地是由各种专有技术、产业运作能力和专业化技能的网络交织构成，这些能力和要素嵌入到劳动者、竞争者、供应商、消费者、合作型的研发项目以及大学之中，并且通常向多个产业部门提供支持。在产业公地中，人力资本是国际生产中最活跃的生产要素，大学和科研机构是原始性创新的重要来源，各类产学研主体合作可有助于解决跨行业、跨领域的关键共性技术问题或者促进新的科学理念、方法和标准统一，它们共同推动了全球生产网络的创新和价值创造。

产业公地可以为多个产业创新提供技术能力和制造能力支持。在全球生产网络下，投入与产出关系也往往伴随着知识溢出。正如加里·皮萨诺和威利·史教授所述，虽然产业公地主要依靠私营机构的支撑，但这些机构创造的知识可以在企业的人员流动中、供应商/客户的合作中、正式和非正式的技术分享以及竞争对手全面的模仿中得到传播。产业公地内前向和后向联系对应了供给推动型和需求拉动型创新方式。在某些情况下还出现了这两种创新方式的混合，上游供应商为一家企业生产时获得的技术诀窍也可以用于生产供应给另外一家企业的产品，消费者（客户）数目增长可以提升生产链的规模经济效应，其个性化和挑剔性需求的满足也刺激了企业创新。

第二节　价值创造体系重构的制度需求

正如马克思在《政治经济学批判》序言中所述："随着经济基础的变更，全部庞大的上层建筑也或慢或快地发生变革。"全球生产网络下价值创造体系重构也对制度环境提出更高的要求。

一、创新能力培育的制度需求

根据生产力异质性理论，企业在支付了行业固定进入成本以后，获得了一个服从帕雷托分布的生产力水平。如果所获得生产力水平低于行业临界生产力水平，则企业退出。那些生产力水平高于行业临界生产力水平的企业，又将面临着国内生产、出口等不同类型的组织成本。贸易自由化可以通过选择效应和再分配效应提高行业整体生产力水平。如果企业所获得生产力高于国内生产临界生产水平，它将选择国内市场销售；如果所获得生产力高于出口临界生产水平，企业将同时在国内和国际市场销售。

非歧视待遇和准入前国民待遇有利于提升行业平均生产力水

平。贸易自由化导致市场份额和利润在不同类型企业之间再分配，最有生产力企业获得了最多市场份额和利润。反之，准入前歧视性待遇和行业限制将使那些获得优惠待遇的企业承担了较低的行业进入成本，即使获得的生产力水平较低，它们仍然可以生存下来，而那些生产力水平更高的企业却因更高的进入成本（禁止进入时可以看作进入成本无限高）而选择退出，最终导致了行业整体生产力水平下降。

劳动者是生产力中最活跃的因素，区域价值创造体系建设应充分重视劳工权益保护。在传统国际分工参与模式下，受到需求"加总约束"以及产品价格"逐底竞争"影响，一些发展中国家劳工权益保护不力，竞相压低工资水平，进而陷入"合成谬误"困境。然而，在区域生产网络下，工人是劳动者、创新者和消费者多重身份的统一体。作为劳动者和创新者，工人不但是产品生产者和服务提供者，也是企业内信息系统优化和流程再造的重要参与者；作为消费者，劳工消费需求增长和消费升级也是企业价值创造的重要推动力量。劳工权益保护不力不但从创新供给侧抑制了工人创新动力和工作积极性，也从需求侧削弱了他们的社会需求，尤其是那些刺激企业创新的挑剔性需求。

劳动力市场发展状况影响了一个国家在全球生产网络中的比较优势。相关研究也表明，劳动力雇佣制度影响了企业的劳动力成本和任务执行程度，进而影响了劳动力密集生产环节的比较优势。具体来说，那些在促使工人努力工作方面雇佣契约制度完善的国家，往往在生产环节较多的部门具有比较优势；那些雇佣和解雇成本较低的国家往往在波动性较大、工人流动性较高的部门具有比较优势；那些劳动力市场匹配摩擦较低的国家在高失业部门（匹配持续期较短）具有比较优势。

知识产权保护是防范产业公地贫瘠化的重要手段。如上所述，产业公地由各种专有技术、产业运作能力和专业化技能的网络交织构成，这些能力和要素嵌入在劳动者、竞争者、供应商、消费者、合作型的研发项目以及大学之中，并且通常向多个产业部门提供支持。从性质上说，知识资产也是一种重要的公共物品，产业公地对价值创造体系的智力支持依赖于各参与者之间正向溢出效应。但是，如果价值创造体系参与者利用产业公地正向溢出效应，窃取知识中间产品，那么创新者的收益就无法弥补前期研发投入。预计到这种情况，创新者就可能会事先采取一些预防措施，而当这种预防措施所带来的交易成本较大时，研发投资不足问题就发生了，所有参与企业和机构就面临着"囚徒困境"，产业公地将逐渐变得贫瘠，进而陷入"公共地悲剧"。

二、价值网络组织的制度需求

准入前歧视性待遇和行业限制过多不利于价值创造体系重构。在新的价值创造体系下，消费者（客户）并不是产品或服务的被动接收者，而是创新和价值创造的参与者。领导厂商通常以开放的标准选择和授权供应商，创新和价值创造并不是沿着固定链条进行，而是在消费者（客户）与供应商的互动中进行。如果在市场准入前对不同所有制企业存在歧视性待遇，或者行业限制过多，就可能因缺少足够的供应商或抑制跨行业创新而无法更好地满足消费者（客户）不断变化或挑剔性的需求。

准入前歧视性待遇和行业限制过多可能会抑制新兴产业和未来产业发展。新兴产业和未来产业不但代表着产业发展方向，更是未来价值创造的增长点。相对于全球价值链来说，价值网更高的价值创造主要依赖于全球生产网络下富有活力的共创生态网络，新兴产业和未来产业发展所依赖的产业公地是由各种专有技术、产业运作能力和专业化技能的网络交织构成的，知识可以通过人员流动、供应商/客户合作、正式和非正式的技术分享以及竞争对手模仿等途径传播。如果在市场准入前对不同所有制企业施加歧视性待遇，或者对行业限制过多，产业公地就会失去吸纳更多知识和信息的机会，可能使新兴产业和未来产业丧失成长动力。

在全球生产网络下，除了领导厂商和高层级供应商以外，大部分供应商是中小企业，它们是全球生产网络不可缺少的一部分，一些"专精特新"的中小企业还在价值创造体系重塑过程中发挥着关键作用。但是，由于中小企业管理层素质普遍较低，缺少系统性战略规划和科学管理手段，精益管理能力不足；国际化人才储备不足，缺少国际化经营知识和经验，不能有效利用全球资源；数字化能力匮乏，不能很好地把握技术变革带来的机遇，也不能系统地把工业技术与 IT 技术融合。价值体系重构需要参与国家积极为中小企业提供所需要的信息、推广国际化经营的实践经验,帮助中小企业提升精益管理能力和国际化经营能力。

除了中小企业以外,价值创造体系重构面临的另一个短板是区域经济合作中不同国家发展水平的差异。在新的价值创造体系下,各参与国家之间不再是传统的零和类型的价值分配关系,而是一种互利共赢关系。在全球生产网络下,不同发展水平国家间的制度能力建设和技术援助,同等发展水平国家在教育、技术等共同关心领域的合作,以及为缔约方中小企业提供无壁垒的国际市场和更好的发展机会,有利于深化区域经济合作和补齐价值创造短板,使各方都能从发展能力援助中得益。

知识产权保护也是价值创造体系正常运行的重要保证。一般来说,所有权优势主要来自企业所拥有的生产诀窍、专有技术、管理技能、营销技巧等稀缺的、难以模仿的知识资产,并最终转化为品牌、规模经济、销售渠道等市场垄断力量。在全球生产网络下,所有权优势是一个企业参与合作和获取相对于其他同类企业竞争优势的基础,核心技术或知名品牌是领导厂商组织价值创造体系的重要依靠,工业软件提升了企业内智能制造和企业间协同的效率,"专精新特"技术是供应商客制化生产零部件的重要手段。但是,全球生产网络下企业间互补性分工合作的前提是清晰的产权界定和强有力的知识产权保护。特别是"互联网+"和数字经济条件下,知识产权保护既有利于增进国家之间、企业之间互信，也是化解国家间科技战和确保全球生产链安全的重要途径。

价值体系重构需要加强个人隐私保护。在全球价值创造体系重构过程中，互联网和数字技术发挥着重要作用，数字经济本身也成为价值创造新的增长点。但是，互联网和数字技术滥用也使国际社会面临着个人隐私数据保护问题。

价值体系重构更需要重视国家数据安全。除了传统产业数字化、网络化、智能化改造以外，智慧化城市建设又进一步推进到政府服务、民生等领域，公安、交通、教育、医疗、金融、电信、水利、电力、燃气等事关国计民生和国民经济命脉的公共服务和关键基础设施也融入了价值创造体系。对于互联网和数字技术来说，硬件是基础，代码决定了运行规则。全球生产网络下价值创造体系所使用的大型主机、存储设备等硬件设备大多由外国厂商提供，操作系统、源代码和算法程序、企业管理软件等方面的知识产权也大多由外国企业控制，数字化技术应用也使国家面临着一系列安全威胁，不对称技术依赖使发展中国家面临着供应链风险。

在传统生产方式下，国有企业主要在国内生产和提供公共产品和服务，进出口贸易主要通过 WTO 规则加以规范和约束。然而，在产品内分工条件下，国有企业也成为全球生产网络的重要参与者，国有企业的特殊地位使全球生产网络治理更加复杂。对企业来说，微观层面信息系统重构是可控的，但宏观层面不公平竞争所引致的要素配置扭曲却是不可控的。当政府以立法授予、政府命令、指令或其他措施将政府职权转交给国有企业或其他企业时，国有企业与民营企业、外资企业就不是平等的合作关系，商事契约与行政契约的双重契约关系将给全球生产网络带来更多的不确定性。如何确保国有企业竞争中性是价值创造体系重塑面临的一个难题。

新价值创造体系要求削减国有企业在生产资源获取方面的优惠待遇。从社会供给层面来看，国有企业在融资、土地、市场准入、软预算约束、福利发放等方面的优惠政策，相对降低了国有企业资源成本。与此相反，民营企业以及被取消了超国民待遇的外资企业，则资源获得成本相对较高，中小企业资源获取更加困难。国有银行对国有部门的信贷歧视及其相关企业非货币工资福利差异，扭曲了国内要素配置，对非国有部门产生了挤出效应，进而影响了非国有部门的就业及其工资水平。

新价值创造体系要求减少国有部门在消费品市场的价格垄断。从社会消费角度来看，国有部门主要涉及关系国民经济命脉、国家安全、重要基础设施和重要自然资源等领域，所提供产品或服务大多是必需品，而且对潜在进入者的限制使其具有稀缺性和不可替代性，相关企业具有一定的价格控制权。在这种情况下，国有部门不但可以通过信贷优惠和财政补贴降低生产成本，通过内部人控制侵蚀国有资本投资收益，还可以通过价格控制权将企业工资和福利支出转嫁给广大消费者，进而降低居民实际工资水平。

新价值创造体系还需要国有企业完善公司治理机制。作为出资人，国家产权地位名义上是明晰的，但全民所有及其社会公共利益主体缺失，使国有企业治理面临着所有者缺位问题。在具体实践中，国有资产监督管理委员会代表国家履行出资人职责，国家与国有资产监督管理机构之间是一种委托代理关系，国资委与国有企业之间也是一种委托代理关系，国有企业经理是由党委任命的，而不是通过经理人市场招聘的。根据《企业国有资产监督管理暂行条例》（2019 年 3 月 2 日修正版）第 36 条规定，国有资产监督管理机构对不按规定任免所出资企业负责人，或违法干预所出资企业的生产经营活动造成严重后果的直接责任人员依法给予行政处分，构成犯罪的，依法追究刑事责任。[①] 也就是说，国有资产监督管理机构代表国家履行出资人职责，只对违规任免企业负责人和违法干预企业经营造成的重大损失负责，并不承担合约之外、国有企业生死攸关的决策相关的风险，对其他原因造成的损失也不承担责任，即国有资产监督管理机构没有完全履行国有资产剩余控制权，这种不确定性风险更多地由国有及国有控股企业经营管理层和员工承担。同时，国家与国有企业之间多层级委托代理关系，使国有产权随着层级增多被弱化和稀释，国家的剩余索取权也无法得到有效的保障。国有企业的委托代理关系

---

① 企业国有资产监督管理暂行条例（2019 年 3 月 2 日修正版）［EB/OL］. http：//www. app. czs. gov. cn/czggzy/18360/18361/content_ 3183847. html.

使其经营战略无法根据市场需求变化和技术进步灵活地进行调整，难以适应供应链的敏捷、可伸缩和快速流动。

总之，全球资源配置优化和供应链效率提升需要进一步完善国有企业治理机制，消除国有企业在资源配置上的扭曲状态，确保私有企业与国有企业享有同等待遇，通过公平的市场竞争机制配置资源，增强所有市场参与者的竞争力。

三、政府管理模式创新的制度需求

在全球生产网络下，企业和消费者活动总是地理嵌入和网络嵌入在一个国家特定的社会背景下，该国的制度限定、允许或约束了企业战略选择，并界定了企业和产业运行的规则和标准。在国家内部，政府扮演多种角色：国家主宰者、正式制度供给者和公共物品的购买者等。

在制度供给方面，全球价值网络敏捷、可伸缩和快速流动依赖于科学、透明、公正的法律、条例、程序和行政裁定。在政策制定过程中，程序正义、较高的公众参与度和透明度有利于减少制度内容的不完全性，准确而及时的信息发布以及多元化传播渠道有利于全球价值网络参与者及时地进行战略调整。

在政策执行方面，廉洁的公职人员是制度得以有效执行的保证，高效而透明的海关程序可以降低商品和要素跨境流动的交易成本。对于那些受到行业准入限制或所有制限制的企业来说，政府在项目审批过程中可能会要求它们提供一些超出其预期的敏感技术信息或商业秘密。但是，在政府所委托的"专家小组"中包括产业界、学术界或其他可能对这些信息具有竞争利益的代表的情况下，这些敏感技术信息和商业秘密就处于风险暴露之中。①如果"专家小组"成员出于私人利益而滥用政府所赋予的权力，敏感技术信息或商业秘密泄露将使这些企业丧失部分所有权优势。

在政府采购方面，政府机构及所属的下级实体也是一群特殊的消费者，其采购决策具有一定的政策导向功能，其采购产品和服务主要是为了公共利益，但采购资格要求、安全例外和政策导向（如促进自然资源和环境保护的绿色采购）可能使不同供应商面临歧视性待遇，采购过程不透明和工作人员腐败等也可能扭曲资源配置，进而影响全球生产网络下创新和价值创造能力。

在产品内分工条件下，前向和后向联系使监管政策具有较强的制度溢出效应，迫切需要国际社会加强"边境后"监管合作。但是，在环保、劳工、国有企业、政府采购、数字经济、知识产权保护等领域，不同国家监管政策可能存在差异，甚至对不同市场主体给予了歧视性待遇。歧视性监管政策扭曲了资源配置，阻碍了要素和商品流动，成为交易成本的重要来源之一。除了监管

---

① Office of the United States Trade Representative Executive Office of the President. Findings of the Investigation into China's Acts, Policies, and Practices Related to Technology Transfer, Intellectual Property, and Innovation under Section 301 of the Trade Act of 1974 [EB/OL]. https：//ustr. gov/sites/ default/files/enforcement/301Investigations/301%20Report%20Update. pdf.

政策歧视性以外，监管政策执行效率低下或重复监管也是产生交易成本的另一重要因素。全球生产网络稳定运行迫切要求各经济体加强监管合作，在国内监管中推行良好监管实践，促进监管政策内容和执行统一，为企业国际化经营创造出开放、公平、可预期的政策环境。

监管一致性也是全球供应链敏捷、可伸缩和快速流动的制度保障。在全球生产网络下，价值网之所以能够创造出更高价值，是因为它有机整合了消费者（客户）苛刻或个性化的需求与灵活、高效的制造，有效地促进了产品或服务供应与需求匹配，进而打造出了敏捷、可伸缩和快速流动的供应网络。但是，在国际劳动分工进一步延伸到边境后的情况下，如果不同国家或地区监管模式不同，政策执行标准不一致，规章制度内容不公开、不透明，在某些领域的贸易和投资还需要层层汇报、审核或审批，那么领导厂商、供应商和消费者之间就无法对信息流和知识流进行快速反应，价值创造体系效率将会大打折扣，甚至导致全球生产网络的解体。

数字和网络空间监管差异成为数字经济时代制约全球生产网络进一步发展的重要障碍。在全球生产网络下，互联网、数字技术、人工智能和大数据为新价值创造体系提供了技术支持，但在国际上还没有形成全球统一的网络空间和数字安全规则。全球主要经济体都从本国利益出发，根据自己的技术优势和价值观念制定了各不相同的互联网和数字经济规则。当前，为了降低全球生产链脱钩风险，国际社会应加强边境内监管政策协调，基于人类命运共同体建设和全球生产网络的公共利益，制定出全球统一的数字经济规则。

四、区域竞争力提升的制度需求

第二次世界大战以后，在贸易和投资便利化措施以及交通和通信技术发展推动下，国际劳动分工经历了产业间到产业内，又进一步延伸到产品内，要素和商品流动也从最终品贸易、中间品贸易进一步发展为任务贸易和数字贸易，在全球范围内形成了以跨国公司为主导的全球生产网络。

全球生产网络通过影响竞争优势决定因素进而影响了一国竞争优势。哈佛大学教授迈克尔·波特认为，竞争优势来源于要素条件、需求条件、相关产业和辅助产业、企业战略结构和竞争方式等四个基本因素，以及机遇和政府这两个辅助因素，这就是所谓的"钻石模型"。在全球生产网络下，商品和要素自由流动扩大了本国的要素供给和市场空间，跨国公司生产活动的全球配置不但重塑了企业战略结构和竞争方式，而且促进了不同生产环节与相关产业和辅助产业的整合。

竞争力提升要求国家（地区）进一步优化营商环境。在全球生产网络下，价值创造是在产品内分工合作中完成的，往往伴随着大规模数字信息、中间品和最终品流动。虽然全球生产网络为国家竞争优势所依赖的要素条件、需求条件和产业条件整合创造了有利的条件，但是也面临着要素和商品跨境流动的运输成本，以及国际化经营交易成本的上升。为了促进区域竞争优势决定因素的整合，各成员国需要加强物流体系无缝对接和"边境后"政策协调，从传统的贸易投资便利化进一步升级为国际商务便利化。

五、企业社会责任的制度需求

19世纪末期，因工作环境恶劣和生活水平低下，西方国家工人罢工以及其他破坏性战术造成了生产中断。由于企业需要安定的生产环境，也需要可靠、熟练的劳工，它们不得不加强了劳工权益保护。政府也认识到，工业繁荣建立在主宰它们的国境和族裔社区之内，依赖于训练有素的劳动力和社会凝聚力，这种凝聚力是通过更加平等的收入分配来推动的。20世纪30年代，经济大萧条沉重地打击了美国穷人，失业者示威和抗议促使美国首次承认工会代表工人阶级的集体声音。

但是，在20世纪70年代经济危机之后，新自由主义者认为工会妨碍了资本自由流动和个人选择自由，货币和商品不受监管的自由市场将带来公正和繁荣的经济。在交通和通信技术发展以及贸易投资便利化措施推动下，对外投资和外包促进了国际生产转移。

在全球生产链上，发达国家资本与发展中国家廉价劳工的匹配产生了两种困境。在发达国家内部，对外投资和外包导致了蓝领工人工作流失，资本家不再承认工会是创造共同繁荣的合法伙伴，工人的合法权益得不到保障。在发展中国家内部，由于低附加值环节进入门槛较低，处于这些环节的发展中国家或地区彼此替代性较强，全球生产具有较高的地理弹性，发展中国家并不具备议价能力，极易受到价格和成本的冲击。受到需求"加总约束"，发展中国家竞相降低产品价格进行"逐底竞争"，它们无视劳工权益而竞相压低工资水平，于是这些国家或地区就沦为"工资洼地"，陷入"合成谬误"困境。

在新的价值创造体系下，劳工权益保护成为技术创新不可缺少的一部分。近年来，忽视劳工权益保护对全球生产网络价值创造产生了严重的负面影响。在发达国家，劳工权益保护下降引起贫富差距加大和社会撕裂，进一步导致了逆全球化思潮和民粹主义兴起；在发展中国家，劳工权益保护下降导致了社会需求不足和劳动生产力提升缓慢。对更高价值的追求促使企业和其政府不得不重视具有消费者和劳动力提供者双重角色的工人的合法权益。劳工权益保护不但可以调动工人的创新动力和工作积极性，而且由此带来的需求增长和消费升级也成为企业价值创造的推动力量。

六、贸易投资争端解决的制度需求

在新价值创造体系下，消费者多样化需求要求中间品供应商做出专用性投资以生产客制化（而非标准化）的中间投入品。由于资产专用性投资是关系专用的，其外部价值为零或很小，一旦投入这种资产，这种投资就是不可收回的，做出专用性投资的上游企业就被"锁定"了。由于信息不完全性和人的有限理性，各参与者之间无法把未来可能出现的各种意外情况都囊括在契约条款中，在第三方（如法庭）也没有相关知识和能力对专用性投资做出证实，或者证实真伪的成本太高而不可行的时候，与此相关的投资争端解决就陷入了困境。特别是随着互联网和数字技术在国际生产中的应用，传统的国家地理边界日渐模糊，属地和属人管辖权归属也可能存在争议，这使得国际贸易投资争端解决更加复杂，传统的法院和仲裁等争端解决方式面临着一系列挑战。新价值创造体系要求在吸收现有国际贸易投资争端解决方式优点的基础上，建立起由全球生产网络各权力主体组成、综合运用正式制度和非正式制度化解纠纷的国际经济争端解决机构。

第四章
制度型开放的供给分析

第三章探讨了制度型开放的需求，本章我们分析制度型开放的供给状况。受制于 WTO 协商一致决策原则以及不同类型国家在经济利益、价值观念等方面的差异和冲突的影响，WTO 现代化改革和"边境后"开放的制度供给困难重重。面临国际社会集体行动困境，如何推动制度型开放呢？

第一节　发达国家对国际经济规则的重塑

虽然国际生产方式变革促进了国际经济规则重塑，但高标准国际经贸规则被国际社会接纳也经历了一段曲折的历程。

一、国际经济规则重塑的历程

世界贸易组织积极推动边境政策开放。在大卫·李嘉图和赫克歇尔-俄林理论框架下,传统国际经济研究把技术创新、物质资本和人力资本积累置于显著地位,认为比较优势源于劳动力、资本等要素禀赋结构。于是,第二次世界大战以后,为了推动要素和商品流动型开放,国际社会在关税和贸易总协定(GATT)基础上成立了世界贸易组织(World Trade Organization, WTO)。自成立以来,WTO 积极推动关税和非关税壁垒削减、国际贸易中歧视性待遇消除,以及国际贸易争端解决。但是,WTO 主导的国际经济规则仍然是边境开放措施,主要局限于关税、配额、许可证、准入后国民待遇,以及与贸易相关的投资和知识产权保护等。

虽然 1986 年开始的乌拉圭回合谈判已经涉及服务贸易、知识产权等方面议题,并在有限范围内达成一致意见,但与全球生产网络下的要求相距甚远。新加坡议题较多涉及了"边境后"政策,但由于受到 WTO 协商一致决策原则的制约,以及不同类型国家在经济利益、价值观念等方面的差异和冲突的影响,这些议题没有被纳入多边贸易谈判。在这种情况下,欧盟、美国和日本积极倡导 WTO 现代化改革,试图发起新一轮产业补贴和国有企业规则谈判。自 2017 年 12 月以来,三方部长召开了七次会议,发布了"关于市场导向条件的联合声明"和"欧盟—日本—美国制定更严格产业补贴规则的基础界定文件"。2019 年 5 月，三方联合声明声称，将尽快完成产业补贴新规则制定工作，并吸纳其他 WTO 主要成员国加入，以发起新一轮产业补贴和国有企业规则谈判。但是，从目前来看，WTO 现代化改革依旧困难重重，而且进展十分缓慢。

面临集体行动困境，以美国为首的发达国家更多地转向了双边或区域经济合作。以美国为首的发达国家分别于 2009 年和 2013 年参与或发起了《跨太平洋伙伴关系协定》（TPP）和《跨大西洋贸易与投资伙伴关系协定》（TTIP）谈判，并且发布了《2012 年美国双边投资协定范本》；2009 年和 2013 年欧盟分别与加拿大和日本也启动了《欧盟—加拿大伙伴关系协定》（CETA）和《欧盟—日本伙伴关系协定》（EJEPA）谈判；2017 年美国和韩国重启《美韩自由贸易协定》（KORUS）谈判；2018 年 9 月美国、加拿大和墨西哥就更新北美自贸协定达成一致，新贸易协定被命名为《美墨加协定》（USMCA）。特别是为了应对全球生产链供求失衡、企业机会主义行为和不同国家政策理念差异所引致的契约摩擦，以美国为首的发达国家对全球生产链进行了重塑，确保重要而契约摩擦程度高的产品国内采购，同时在区域经济合作中采用了"近岸外包"和"友岸制造"。

二、高标准国际经贸规则的主要内容

发达国家所倡导的高标准国际经贸规则旨在推动以政府为主

导、其他利益相关方参与的全球生产网络治理机制，使全球生产网络获得相对于其他国际生产方式更高的效率和价值创造能力。

（一）准入前国民待遇和负面清单

近十年来，发达国家签署的国际贸易投资协定基本上都采用了"准入前国民待遇＋负面清单"安排，即将国民待遇扩展至投资设立和扩大等准入前阶段，在提升国际投资环境透明度和促进投资自由化的同时，搭配"不符措施"和"例外条款"以解决准入前国民待遇引发的"恰当性限制"问题。

同时，美国也针对非歧视性待遇执行过程中遇到的问题加以规范。在美国主导的国际投资协定中，最惠国待遇不适用于程序性事项，而且判断东道国是否违反最惠国待遇的标准不是其他贸易或投资协定中是否包含更优惠条款，而是东道国政府事实上是否对不同国籍外国投资者采取了歧视性待遇。2012年美国双边投资协定范本还通过"特殊手续与信息要求"条款对国民待遇和最惠国待遇适用做出了例外规定，即在东道国没有对合格投资者和投资造成实质性损害情况下，东道国可以根据相关法规善意地要求其履行特殊手续；在东道国没有危及合格投资者和投资市场竞争地位的情况下，东道国可以根据相关法规善意地要求其提供相关信息和统计数据。此外，美国还将东道国政府违反公平与公正待遇排除在投资仲裁争议范围之外，规定外资在东道国享有的充分保护与安全，以及公平与公正待遇，都不得超出最低待遇标准，也不能获得额外的实体权利。USMCA还进一步指出，即使政府作为或不作为造成了投资者损失，也不能仅仅依照缔约一方采取或未采取与投资者期待不一致的行为，就认定该缔约方违反了公平与公正待遇条款。

在发达国家签署的国际贸易投资协定中，负面清单大多与国家经济安全、本土产业和居民利益相关。但是，不符合措施的描述不一，有的国家为了预留较大政策空间，只是按照产业大类列出，有的国家则比较严谨，不仅给出了不承担协定义务的产业及其例外条款的详细说明，还就不符合措施执行的法律依据及其行政级别进行了解释说明。总体来看，不符措施具有以下特征：从产业分布来看，发达国家负面清单主要集中在第三产业，如美国的负面清单主要有报关服务、专业服务（专利律师、专利代理以及专利申请之前的其他业务）、陆空运输服务、通信服务、金融和证券服务；从限制原因上看，经济安全是最主要考虑因素，其次是保护本国弱势产业，再次是保护本国居民利益和本土资源，最后是国防安全；从实施手段来看，绝对禁止和比例限制采用较多，尤其是通过外国人股权比例、外籍高管比例、外籍员工比例等方面规定，确保了美国对敏感类企业的控制权和主导权。

（二）知识产权保护

在将知识产权条款引入国际贸易投资协定之前，美国就已经在贸易法中规定了"特别301条款"，针对其他国家知识产权保护不力给美国贸易带来的损失进行制裁。世界贸易组织通过的《与贸易相关的知识产权协定》（TRIPs）可以说是美国"特别

301 条款"的国际化、扩大化和系统化。与 TRIPs 之前国际公约中的知识产权保护条款一样,其目的也是减少知识产权保护不力对国际贸易的扭曲和阻碍,但 TRIPs 在知识产权保护方面更进了一步,它弥补了传统国际公约中没有保护商业秘密、缺少专利最低保护期限,以及软件和影音保护不力等方面的缺陷。

美国对知识产权的保护还与对外直接投资密切地联系在一起。在美国看来,尽管知识和技术扩散不可避免,但这种扩散应该在创新者的控制之下进行,在战略上采取了防御性对外直接投资,即美国企业通过追随产品生命周期在海外设立分支机构,采取市场先占策略来阻止外国竞争者兴起并获取技术租金。为了保护对外投资中的知识产权,在美版国际投资协定中,所涵盖投资形式通常包括知识产权、许可、授权、允许和其他国内法术语的类似权利,而且专利代理以及专利申请之前的其他业务也列入了不符措施。

欧盟的知识产权保护条款更多地表现为对东道国政府的约束。例如,《中欧全面投资协定》(CAI)不但包括《与贸易有关的投资措施协定》(TRIMs)所禁止的相关事项,而且要求任何一方均不得直接或间接要求、强迫、施压或以其他方式干扰一方自然人和企业与另一方自然人和企业的技术转让或许可,禁止缔约方要求外国投资在境内研发额度达到一定比例、设置总部或非自愿地向境内自然人或企业转让技术、生产工艺和专有知识。

(三) 环保和劳工权益保护

20 世纪 90 年代以来,在环保组织积极推动下,环保议题逐渐被纳入国际贸易投资协定，并且随着绿色经济推广而有所加强。美国 2012 年双边投资协定范本扩大了环保法律适用，规定缔约国国内环境法律和政策以及缔约各方均为成员国的多边环境协定对于环境保护均具有重要作用，还将 2004 年双边投资协定范本中的"尽力确保"修改为"应确保"，使此前的软性规定升级为硬性义务。

后来的 CAI、CPTPP、USMCA 等区域经济协定又对环保条款进行了拓展。目前，环保条款涉及的领域有臭氧层保护、海洋环境保护、生物多样性、外来入侵物种、过度捕捞、贩运野生动植物、海洋塑料垃圾和微塑料垃圾等。近年来，一些国际贸易投资协定还强调了环境友好型产品和服务投资及其政策，如可再生能源、低碳技术、节能产品和服务以及气候友好型技术等相关的政策。

环境保护条款执行机制和途径比较灵活，主要体现在自愿、合作及其争端解决机制等方面。在自愿执行机制方面，缔约方致力于有效执行其已加入的多边环境协定，自行决定如何最好地分配其环境执法资源，通过各自的程序和机制监测和评估环保条款执行。在合作机制方面，缔约方利用国家咨询委员会等现有或新建的协商机制，向非国家利益攸关方征求环保条款执行意见，定期就其批准和执行的《多边环境协定》或对这些协定的修正案交换各自的状况和发展信息，以及交流环保评估良好实践。在争端解决机制方面，环境事项争端仅适用于国家间咨商程序，更多地依赖于缔约国法律和主管当局，而不依赖或较少依赖第三方争端解决机构。

近年来，虽然劳工权益保护条款涉及范围没有太大变化，但该条款执行却进一步加强了。自《2004 年美国双边投资协定范本》以单独条款阐释了劳工标准以来，《2012 年美国双边投资协定范本》又补充了劳工相关问题的磋商以及公众参与等方面的规定。CPTPP 和 USMCA 要求缔约国纳入有执行力的劳工标准，并对劳工保护基本原则和权利的法律和政策做出承诺。特别是在 USMCA 中，劳工权益保护还被置于国际监督之下，如果缔约国违反相关义务，它将受到来自国际层面的审查，甚至面临处罚和贸易制裁。此外，劳工权益争议救济措施也是多样化的，包括消除不符合协定的情形、无效或损害的情形，提供争议各方可接受的补偿或各方同意的任何的其他补救措施，甚至是中止贸易利益。例如，在磋商、专家组裁决都无法解决劳工相关事项争端的情况下，申诉缔约方可中止应诉缔约方实施的、与协定不符或导致申诉方利益丧失或减损的措施相等效的利益，直至纠纷各方就争端解决方案达成一致。

（四）数字经济安全

虽然数字已成为一种新的生产要素，大数据也在全球生产网络及其价值创造体系中发挥着重要作用，但国际社会在互联网和数据治理方面还没有达成一致意见。在全球层面上，联合国信息安全政府专家组（UN GGE）和开放式工作组（OEWG）双进程进展缓慢；在区域层面上，二十国集团（G20）倡导的数据治理"大阪轨道"、亚太经合组织（APEC）在跨境隐私保护规则框架下的数据流动规则讨论都还处于起步阶段，而欧盟出台的《通用数据保护条例》（GDPR）相对成熟，但只适用于欧盟管辖范围内，适用领域有限。

在国家层面上，虽然海量数据频繁跨境流动已成为常态，但由于各国在技术优势、价值理念等方面的差异，互联网和数字技术全球治理存在分歧。虽然各国对互联网和数字技术治理中的国家主权原则没有太多异议，但在互联网和数字技术和内容的管控上存在差异，发达国家强调多利益相关方治理模式，认为私营部门、非政府组织、技术社群、互联网用户等非国家行为体与政府作用同等重要。

虽然美国坚持所谓的"互联网自由"原则，但这一原则并不是无条件适用的，其基本前提是这种自由不能危及反恐等美国国家安全，也不能削弱美国企业的全球竞争力，最终目的是确保美国在全球军事和经济竞争中的绝对领先地位。为了保障技术创新、产业发展和军事安全等方面的国家利益，美国政府不但在2018年发布的《网络安全战略》、《国家网络战略》等重要文件中将中国和俄罗斯确定为战略竞争对手，还通过一系列配套政策和法规强化了政府对互联网的控制。其中，一个典型案例是2018年3月时任美国总统特朗普签署《澄清域外合法使用数据法》，该法案授权联邦调查局等美国政府机构可以直接从全球各地的美国数据控制者手中获取数据。在公民隐私权保护问题上，美国主要依赖于行业自律和政府执法。

尽管欧盟也像美国那样支持"多利益相关方"互联网治理模式，但与美国相比更加强调网络空间的规制和管控，通过立法加强个人信息安全和隐私保护。2000年，欧美达成的安全港协议要求美国机构为欧盟个人数据向美国跨境传输提供充分的隐私权保护，但在2015年Schrems I 案中，欧洲法院认为美国情报机构对个人数据的监控和访问可能会侵犯欧盟公民的隐私权，因此拒绝承认安全港协议的合法性。虽然2016年达成的隐私盾协议强化了数据保护要求、监管机制、执行力度和信息透明度，但在2020年Schrems II 案中，欧洲法院认为美国法律在涉及国家安全和执法机构对个人数据访问方面并未提供充分的保护，宣布隐私盾协议无效。在2023年5月欧洲议会通过的欧美数据隐私框架下，美国同意欧盟传输至美国的数据拥有与欧盟相当的隐私保障，将美国情报部门对欧盟数据的访问限制在必要与适当的范围内，欧盟个人可就美国情报机构收集和使用其数据的情况获得独立、公正的补救机制，并且创建数据保护审查法院（DPRC）以供欧盟公民投诉之用，如果DPRC发现企业数据收集违反规定，即可要求将数据删除。此外，在美国公司错误处理了欧盟个人数据的情况下，欧盟个人还可以使用包括免费的独立争议解决机制和仲裁小组等在内的多种救济途径（付一鸣，2023）。

（五）竞争力和商务便利化

竞争力和商务便利化规则主要体现在美国主导的新贸易投资

协定中，该规则作为协定的独立章节在 TPP 中首次提出，并在 CPTPP 中原文保留。需要说明的是，并不是所有区域经济协定都有独立的竞争力和商务便利化章节，即使包含该条款的区域经济协定也只是围绕建立竞争力和商务便利化委员会展开，对委员会机制建设、沟通渠道、定期审查等方面做出了初步规定。还有的区域经济协定没有将竞争力和商务便利化单独列为一节，或者没有明确地提出竞争力和商务便利化这一条款，但可能在其他章节提出建立许多非常类似的委员会，如 USMCA 下的农业贸易委员会、国有企业和指定垄断委员会等，其功能也是通过建设沟通平台和评估机制深化区域经济一体化和提升区域竞争力。

以 CPTPP 为例，为了提升各成员国及其区域竞争力，区域内设立一个由各国政府代表组成的竞争力和商务便利化委员会，聚焦区域生产网络及其所需营商环境的构建，在贸易便利化基础上进一步推进商务便利化，促进区域内经济深度一体化。在促进供应链建设方面，CPTPP 比服务贸易协定（TiSA）更前进了一步，提出加强原产地规则、促进物流产业发展和打造高效供应链体系，要求在供应链建设时集思广益，采取研讨会、讲习班等形式向多方专家征求意见。其中，竞争力和商务便利化委员会定期审查本协定在多大程度上促进了区域供应链发展，提出能够促进和增强区域内供应链发展的可行性建议。此外，该条款还要求通过政府间、政府与商业界、政府与民间团体对话等形式，评估 CPTPP 在促进缔约方竞争力提升方面的作用。

虽然并非所有区域经济协定都涉及这一条款，但是国家竞争力提升是大多数国家的长期发展目标，特别是在"近岸外包"和"友岸制造"背景下，该规则有可能逐步成为区域经济协定的必备条款。但是，该条款不具有实质性约束力，在具体实施中具有较大的灵活性，可能因国情不同而有所侧重，也不适用于争端解决机制。

（六）中小企业和发展能力援助

在高标准国际经贸规则中，合作与发展能力建设条款主要目的是通过合作和开放促进经济增长、就业和技术进步，具体合作领域通常与成员国发展水平和共同关注的问题密切相关。例如，欧盟—加拿大全面伙伴关系协定合作重点是生物技术、森林产品、原材料等领域。CETA 合作领域主要为生物技术市场准入问题、森林产品和原材料。CPTPP 涵盖的合作领域最广，在促进经济增长方面，合作重点是贸易和投资领域，涉及几乎所有产业；在促进就业和性别平等方面，该条款主要是通过咨询和培训等合作活动提高妇女技能和能力，为她们就业或创业提供技术和资金支持的机会，以及培养妇女领导等；在促进技术进步方面，该条款提出加强教育、科学技术、研究和创新合作。

在促进合作与能力建设途径方面，设置由各方政府代表组成的合作与能力建设委员会，其主要职责是根据情况发起和开展合作，通过对话、讲习班、研讨会、会议、合作方案和项目等方式，促进信息和技术交流，分享政策和程序方面的最佳做法，讨论和审议未来合作和能力建设活动相关问题或建议，开发和维护公私伙伴关系，邀请国际捐助机构、私营部门实体、非政府组织或其他相关机构协助制定和实施联合发展活动。虽然合作与能力建设需要缔约方政府做出持续的高水平承诺，有效并高效地管理公共机构，投资于公共基础设施、福利、卫生和教育系统，但在财政和实物资源支持方面，缔约方政府可以根据资源的可得性和相对能力而定。

除了国家间发展能力援助以外，高标准国际经贸规则还从微观层面对中小企业进行指导和帮助。由于发达国家和发展中国家都拥有大量的中小企业，中小企业条款比合作和能力建设条款更受重视。例如，《全面与进步跨太平洋伙伴关系协定》（CPT-PP）、《美墨加协定》（USMCA）、《欧盟与日本经济伙伴关系协定》（EJEPA）、《区域全面经济伙伴关系协定》（RCEP）都安排了中小企业的相关条款。其中，CPTPP 中小企业条款是最全面、最典型的，对中小企业的发展促进主要体现在信息共享和中小企业委员会建设这两个方面。

在信息共享方面，缔约方应设立和维持可公开访问的网站，登载关于协定的信息；同时要求包含指向其他缔约方对等网站和含有相关有用信息网站的链接，包含海关法规和程序、知识产权相关法规和程序、外国投资法规、工商登记程序、就业法规、税收信息，与进出口相关的技术法规、标准以及卫生与植物卫生措施等，另外定期检验链接时效性，以保证信息和链接的时效性和准确性。

在中小企业委员会建设方面，缔约方设立由各缔约方政府代表组成的中小企业委员会，帮助缔约方中小企业利用协定可能带来的商业机会；交流和讨论支持和帮助中小企业出口的经验和最佳实践，以及树立良好商业信用等；组织论坛、研讨会或其他活动；向缔约方推荐可纳入信息共享的网站信息；就专门委员会工作方案进行审议，同时确定适当的合作机会；帮助中小企业参与并有效融入全球供应链项目；交换信息以监督本协定涉及中小企业相关条款的执行；定期向自贸协定委员会提交活动报告，并提出适当建议；审议专门委员会可决定的涉及中小企业的其他事宜。

除了中小企业的专门章节以外，协定中还可能有多个章节涉及中小企业的相关内容。例如，在海关、电子商务、竞争力与商务便利化、透明度与反腐败等章节中也都提到了中小企业发展过程中可能遇到的困难，并规定了具体条款以帮助中小企业解决这些问题。

（七）竞争中性与国有企业

在国有企业定义方面，所有权只是国有企业界定的其中一个标准，关键是看企业是否被"授予政府职权"或是否履行了政府职能。例如，《2012 年美国双边投资协定范本》从被"授予政府职权"角度阐述了国有企业在双边投资协定中的法律责任，并在脚注中对"授予政府职权"进行了解释，被授予政府职权包括以立法授予、政府命令、指令或其他措施将政府职权转交给国有企业或其他企业或者个人，或者授权国有企业或者其他企业或者个人行使政府职权。也就是说，如果国有企业行使政府授权，它将按照双边投资协定条款承担相应责任。

在 USMCA 中，美国进一步从企业控制权角度定义国有企业。其中，控制权不但包括股权和投票权，还包括高管任命权等实质性控制能力。USMCA 对国有企业的界定是主要从事商业活动的企业，并且满足下述四种条件之一：政府直接或间接拥有 50% 以上股权；政府通过直接或间接拥有权益控制行使 50% 以上投票权；政府拥有通过包括间接或少数股权在内的任何其他所有权权益控制企业的权力；政府有权任命董事会或任何其他等效管理机构的多数成员。

欧盟从公共主体角度界定国有企业是否应当受到约束。由于国有企业被政府用作实施经济政策的工具时，可能会导致市场扭曲行为，理应受到约束并及时披露相关信息。因此，在 2018 年 6 月提交的 WTO 现代化改革提案中，欧盟以国有企业是否履行了政府职责、执行了政府政策作为"公共主体"的界定标准，并以此来决定国有企业是否受其所倡导规则的约束。

在竞争中性方面，高标准国际经贸规则主要从公平竞争、信息透明，以及对非市场因素限制等方面来约束国有企业。其中，公平竞争主要体现为"商业考虑"原则和非商业性援助条款。

在"商业考虑"原则方面，CPTPP、USMCA 和《中欧全面投资协定》（CPI）要求，国有企业和指定垄断企业（或 CPI 所涵盖的企业）在从事商业活动时，要考虑价格、质量、可获性、适销性、运输和其他购销条件，都应当以利润为基础，并受市场力量约束；在"商业考虑"难以测度时，可以参照相应行业的私营企业通常考虑的其他因素。

在非商业性援助条款方面，2018 年 6 月召开的二十国集团工商峰会要求对国有企业享有的优惠政策进行限制和约束，即从银行借到不符合公司信用的贷款、政府隐性担保贷款、政府或政府控制的投资基金、非商业性质的股权投资、非商业性的债转股、优惠的投入品价格及其双重定价、对经营困难且无可行重组计划的企业补贴，以及引起产能过剩的补贴等；CPTPP 和 USMCA 规定各方不得向国有企业提供直接或间接的资金转移、债务直接转移，或以从市场上获得的更优惠条件向国有企业提供货物或服务等方式，对缔约方企业生产、公平竞争地位等产生负面影响，或者跨国经营时对缔约方国内产业造成损害；USMCA 还要求所有缔约方国有企业都不能为信誉不佳或资不抵债的另一国有企业提供信贷担保，国有企业选择债转股时必须与私营企业行为相一致，否则将被禁止。但是，USMCA 针对"非商业援助"规则建立了负面清单，即非商业援助不适用于桥梁、高速公路、港口等一般基础设施领域。

美国要求缔约国之间公开国有企业和非商业援助的信息，包括主动披露与应请求披露两个方面。例如，USMCA 要求缔约方通知另一缔约方在官方网站上公布国有企业名单（该名单每年更新一次）、指定垄断或扩大现有垄断的范围；应另一缔约方书面请求，缔约方应立即以书面形式提供有关国有企业或指定垄断企业的所持股份及其投票权、特别持股或特别表决权或其他权利、担任高管的政府官员职务、最近三年年收入和总资产、享有的任何豁免、年度财务报告和第三方审计、股本注入的政策方案及其法律基础、已采取或维持的非商业援助形式及其对应金额等信息，以及评估非商业援助对缔约方之间贸易或投资的影响或潜在影响。

在 WTO 现代化改革提案中，欧盟进一步提出了提高补贴信息透明度的机制。在信息透明度方面，欧盟认为当前 WTO 成员方补贴政策信息透明度欠缺，《补贴和反补贴协定》规则还应进一步拓展至政府对企业的无限责任担保、在没有可信的重组方案时对破产企业进行补贴或双重定价等，并且提出可反驳的假定机制来激励成员公开补贴信息。根据这种激励机制，如果成员没有披露补贴信息或拒不披露，WTO 就假定该成员实施了补贴，甚至还假定补贴产生了不利影响。

在非市场因素限制方面，美国提出了"毒丸"条款。USMCA 规定，如果协定中任何一个国家与一个"非市场经济"国家签署贸易协定，其他缔约国有权终止已经签署的协定，并用它们之间的协定（双边协定）代替本协定。但是，"非市场经济"国家的认定由缔约国国内法律判定，具有很大随意性；如果缔约一方国内投资者由非缔约方的人拥有或控制，而且该非缔约方被另一方缔约视为"非市场经济"国家，那么该投资者就不能提起投资仲裁。

在政府合同纠纷方面，美国提出的投资争端解决方案赋予投资者充分的申诉权力。政府合同条款是为了保护受到严格管制并可能受到国有企业影响的行业而制定的。USMCA 规定，政府合同指缔约方国内当局与另一缔约方投资者之间达成的，授予其投资在石油、天然气、电力服务、通信服务、交通服务以及铁路、公路、桥梁和河道等领域相关权利的书面协定。对于因政府合同而产生的投资争议，投资者提起仲裁请求的依据没有限制，既可以主张东道国违反了国民待遇和最惠国待遇，也可以主张东道国行为违反了公平与公正待遇或者构成了间接征收。

此外，一些国际组织也对国有企业治理提出了自己的建议。2018 年召开的二十国集团工商峰会，不但提出对国有企业享有的优惠政策进行限制和约束，而且认为国有企业需要遵循国际公认的监管规则，以保证市场竞争，这些监管规则主要包括国际公认的会计准则、独立核算、公司法、破产法和私有财产法等。2015 年 OECD 进一步修订的《OECD 国有企业公司治理指南》建议作为一个积极的知情投资者，国家应确保国有企业治理的高度专业化和有效性，并以透明和问责的方式实施，并且确认了国有企业改善公司治理的六大优先领域，即确保国有和私营部门公平竞争，突出国家所有权职能，公平对待少数股东，提高国有企业经营目标及其业绩透明度，改进与利益相关者之间关系，强化和授权国有企业董事会。

（八）透明度、反腐败与政府采购

与准入前国民待遇和负面清单作用类似，透明度与反腐败条款也是通过约束政府行为营造良好营商环境、降低资源配置扭曲的重要举措。透明度与反腐败条款要求推行高效、透明的海关程序，消除贸易和投资中的贿赂和腐败，促进良好治理和法治，为区域内贸易投资创造良好的营商环境。

透明度条款要求缔约方应公布协定涵盖的任何事项所适用的法律、法规、程序和行政裁定。在信息发布时间方面，透明度条款要求时间表述不能用含混、笼统的语句，而是要迅速和准确，即每一缔约方应在发表评论日期前或在征求公众意见前×天发布拟议法规。在信息发布渠道方面，相关表述也要具体和明确，即缔约方应将拟议法规发布在官方杂志或官方网站（最好是在线发布），并对拟议法规的目的和理由进行解释，还鼓励通过其他渠道进行分发，并在出版物中对拟议法规的目的和理由进行解释。在公众参与度方面，该条款要求缔约方政府在力所能及的范围内根据其法律制度的基本原则采取适当措施，以促进公共部门以外的企业、民间社会组织、非政府组织和社区等团体积极参与，允许公众对拟议法规质疑、评论，缔约方应在意见征询期内处理重大实质性评论、解释其对拟议法规的实质性修订，并在官方日志或官方政府网站的最显著位置进行解释。

发达国家发起的区域经济协定（如 CPTPP 和 USMCA 等）都决心消除国际贸易和投资中的贿赂和腐败，并且提出了更为明确、多元化的反腐败措施。反腐败条款大多参考的是 APEC 和二十国集团反腐败论坛制定并经领导人或相关部长批准的旨在预防和打击腐败的文件所载原则，以及私营部门的反腐败合规指导。

CPTPP 反腐败条款规定，国际贸易或投资中故意实施的下列行为被确定为刑事犯罪：直接或间接向公职人员（外国公职人员或国际组织官员）许诺给予、提议给予或实际给予该公职人员或其他人或实体一项不当利益，或者上述公职人员为其本人或其他人或实体直接或间接索取或收受一项不当利益，使该公职人员在履行或执行公务方面作为或不作为，以便在国际商务中获得不当得利，或者协助、教唆或共谋实施上述犯罪行为。USMCA 反腐败条款规定，缔约方应采取或维持必要的立法和其他措施，将其管辖范围的人员在国际贸易或投资事项中故意实施的贪污、挪用或其他挪用，根据其法律定为刑事犯罪：公职人员为了自己或另一个人或实体的利益，挪用财产、公共或私人基金或证券，以及其他因职务而由公职人员保管的有价值物品。

CPTPP 和 USMCA 提供了反腐败的政策建议。缔约方应依照其法律法规，对上述违法行为承担责任的法人实施有效、适当且有劝诫作用的刑事或非刑事制裁，而且不得从税款中扣除上述违法行为发生的费用，采取或维持关于账目管理、财务决算披露以及会计和审计标准的必要措施，以禁止为上述犯罪行为而设立账外账、从事账外或性质不明的交易活动、记录未发生的支出、记录对其对象无正确说明的债务、使用虚假单据以及故意在法律规定的期限前销毁账目等。缔约方均应考虑采取或维持措施，以保护善意且有合理理由向主管机关报告上述违法行为事实的人避免受到任何不公正待遇。缔约方鼓励缔约双方各个执法机构之间相互合作、相互协调，分享其在制定、实施和执行其反腐败法律和政策方面的各种经验和最佳做法，以最大限度地减少腐败行为。

缔约方应促使公职人员廉正、诚实和有责任心。对担任被认为特别容易发生腐败的公共职位的人员，缔约方应规定适当的选拔和培训程序，如将相关人员轮换到其他岗位，提高在执行公共职能过程中公职人员的行为透明度，确定和管理公职人员实际或潜在利益冲突的适当政策和程序，要求高级公职人员和其他缔约方认为适当的公职人员向有关当局申报与其作为公职人员的职能可能产生利益冲突的外部活动、雇佣、投资、资产、贵重礼物或利益。在符合其法律要求的情况下，缔约方应考虑设立程序将被指控有上述违法行为的公职人员开除、停职或调离岗位，同时牢记无罪推定原则。

反腐败还需要私营部门和社会的参与。CPTPP 和 USMCA 建议，各缔约方应在其能力范围内根据其法律制度的基本原则，对腐败零容忍的信息进行发布和公众教育，鼓励专业协会和其他非政府组织帮助企业制定内部控制、道德和合规计划，鼓励公司管理层以适合的途径公开披露其内部控制、道德和合规计划或措施。近年签订的协定也越来越重视通过国际合作增强透明度和加大反腐败力度。缔约方根据各自的法律和行政制度相互合作，鼓励缔约方各个执法机构之间相互合作、相互协调，分享其在制定、实施和执行其反腐败法律和政策方面的各种经验和最佳做法，以最大限度地减少腐败行为。此外，欧盟—日本自由贸易协定和欧盟—加拿大自由贸易协定还提出每一缔约方应在双边、区域和多边论坛中就促进国际贸易和投资透明度进行深度合作。

国际贸易投资协定中的政府采购条款大多是在 WTO 政府采购协定（GPA）基础上，缔约方就政府采购过程中存在的问题，通过谈判对某些条款做出必要的修改，进而建立政府采购多边框架，以此逐步消除政府采购市场壁垒。其中，高标准国际经贸规则的核心条款——国民待遇和非歧视性待遇也是缔约方（包括其采购实体）政府采购应遵守的一般原则。该条款通常要求，对于涵盖采购相关的任何措施，每一缔约方应无条件给予另一缔约方货物、服务和供应商的待遇，不低于本国及给予任何其他缔约方（包括其采购实体）货物、服务和供应商的待遇。

上述一般性原则体现在政府采购的各个方面。例如，在参加条件方面，CPTPP 规定采购实体可以提出相关的经验要求，但不得强加要求供应商在采购实体所属缔约方领土内有以往工作经验或以往被一指定缔约方授予合同；在供应商资格方面，缔约方（包括其采购实体）不得采用对另一缔约方供应商参加其采购造成不必要障碍的任何登记制度或资格审查程序，或者运用此种登记制度或资格审查程序阻碍或迟延其他缔约方供应商列入政府采购供应商名单或者在特定采购中被考虑。再如，针对此前日本公共采购中要求供应商事先取得资格才能参与竞标的壁垒，《欧盟—日本伙伴关系协定》（EJEPA）提出简化供应商资质审查程序，日本也承诺要确保以非歧视方式对供应商进行评估。

在招标、投标和合同授予过程中，高标准国际经贸规则要求采购实体保证采购程序公平、公正及投标机密性。在规定所购货物或服务的技术规格时，CPTPP 和 USMCA 都规定采购实体不得使用可能产生排除竞争效果的方式，向与特定采购具有商业利益的供应商寻求用于制定或采用该项采购技术规格的建议，也不得将特定商标或商号、专利、版权、设计、型号、特定原产地、生产商或供应商的技术规格作为标准，即使在没有确切的术语来界定采购要求的情况下，该实体也需在招标文件中包含诸如"或等同于"此类措辞。在接收、开启和处理等阶段，如果在开标和授予合同期间向某个供应商提供更正非故意形式错误的机会，则该采购实体应向所有参加投标的供应商提供相同的机会。

高标准国际经贸规则倡导信息公开和电子化政府采购系统，以降低交易成本和确保政府采购公平。例如，CPTPP 和 USMCA 政府采购章节都详细规定了采购招标和决标过程中的信息发布流程，要求各缔约方应在采购前充分发布通知，及时公布与涵盖采购有关的任何普遍适用措施，以及对这一信息的任何更改或补充；允许所有合格的供应商提交投标书，除非采购实体在拟采购通知中说明对允许投标的供应商数目有限制，并说明选择有限数目供应商的标准或理由；在不违反信息披露相关要求的情况下，①采购实体应根据供应商请求提供未中标的理由或中标的相对优势说明。为了降低采购活动等待时间和信息传递成本，CPTPP 和 USMCA 都鼓励发展和扩大电子化政府采购系统，包括公布采购信息、通知和招标文件以及接收投标等。

高标准国际经贸规则通过缔约国国内审查、刑事或行政措施等途径确保采购实体廉政和供应商诚信。例如，CPTPP 和 USMCA 政府采购章节都要求每一缔约方应维持、建立或指定至少一个独立于其采购实体的中立的行政或司法机构（审查机构），以非歧视性、及时、透明和有效的方式审查供应商提出的质疑或投诉，采购实体应公正地对待申诉，不得妨碍供应商参加正在进行或未来的采购，也不得妨碍其根据行政或司法审查程序寻求纠正措施的权利。CPTPP 和 USMCA 同时要求缔约各方采取刑事、民事或行政措施，确保中标供应商切实有效地执行内部控制、商业道德和合规计划，可以宣布那些存在欺诈或其他非法行为的供应商无限期或在规定期限内无资格参加该缔约方的政府采购。

高标准国际经贸规则在政府采购中融入社会责任意识。绿色采购强调了电子化系统建设与信息处理、电子反拍卖等在政府采购过程中的运用。除了鼓励发展和扩大电子化政府采购系统以

---

① 政府采购的任何规定均不得解释为要求缔约方在下列情况下披露机密信息：妨碍执法、损害供应商之间公平竞争、损害特定人合法商业利益、违反公众利益等。

外，CPTPP 和 USMCA 政府采购章节的例外条款都包含了为保护人类、动物或植物生命或健康所必需的环境措施，维护公共道德、秩序或安全，以及与残疾人、慈善机构或非营利机构的善事或服务等；技术规模条款也进一步解释，本条款无意阻止采购实体制定、采用技术规格以促进自然资源保护或环境保护。此外，在 OECD 国家以及欧洲地区，缔约方和其他公共机构可以对环境影响最小的商品和服务进行自愿采购，也可以自愿决定绿色采购条款的实施程度。

高标准国际经贸规则要求缔约方为中小企业参加政府采购提供便利。虽然中小企业经营管理能力较弱，但它们也对经济增长和就业做出了重要贡献。CPTPP 和 USMCA 政府采购章节都允许缔约方在保证透明度（包括资格标准）前提下向中小企业提供优惠待遇，并且为中小企业参加涵盖采购提供便利。例如，在单一门户网站提供包括中小企业定义在内的与采购相关的全面信息；尽量免费提供所有招标文件；运用电子或其他新型信息通信技术进行采购；在采购规模、设计和结构方面，可以考虑合同分包等适合中小企业的政府采购参与模式。

高标准国际经贸规则还积极促进缔约方采购合作。合作可以增进缔约方政府对采购体制的理解和改善各自的市场准入，各方都可以从政府采购市场自由化和国际化中获益。为了促进合作，CPTPP 和 USMCA 都设立了由缔约方政府代表组成的政府采购委员会，交流政府采购的最佳实践、监管框架、统计数据等方面的经验和信息，便利中小企业参加所涵盖的采购，以及发展和扩大电子化政府采购系统等。

（九）监管一致性

根据国家间协调程度的不同，国际监管协调可以划分为竞争（无协调）、一致（缔约方国内监管采用相同的原则）、磋商（较松散的合作）和合作（深度合作）四个不断递增的层级。监管一致性指在计划、设计、公布、实施及审议监管措施时，采用良好的监管实践，为缔约方制定兼容的监管方法提供支持，减少或消除不必要的烦琐、重复或监管分歧，奠定有效监管合作的基础。监管一致性主要内容通常包括原则和目标、建立协调和审议程序或机制、监管影响评估、透明度和公众参与、监管磋商合作、监管措施回溯、促进监管相容性等。

一般来说，经济越发达的国家彼此之间监管合作潜力越大。在区域经济协定中，相对于不同经济发展水平国家之间国际监管协调而言，发达国家（地区）间监管一致性水平更高。欧盟和美国是推进监管一致性的主要力量，它们更侧重于良好的监管实践规范，可以实现监管体系相容和监管措施回溯修正。此外，OECD 和 APEC 也致力于推动成员国政府监管一致性，加强监管评估机制、公众咨询和协商机制建设，2005 年 APEC 和 OECD 还启动了监管改革综合清单，提供了一个可自愿采用良好监管实践的自我评估框架，清单包括监管质量、竞争政策和市场开放等方面。

在建立协调和审议程序或机制方面，该条款要求缔约方建立国家或中央级别协调机制，努力确保跨部门协调有效性，并对所涉及的监管程序进行评估。通过监管程序评估，识别出潜在的重叠、重复和不一致的监管措施，根据各自经济、政治、社会、文化、法律等方面情况确定何种程度的监管措施是好的监管措施，提出系统性的监管改进建议，并就上述监管过程评估过程、结果和改进建议向公众发布。

在监管影响评估方面，对正在制定的监管措施的影响评估包括经济影响和监管影响。基于自身经济、政治、社会、文化、法律等方面情况，缔约方选择了某种特定监管模式，对这种监管提案的评估应包括评估监管提案的必要性，审查可行的替代措施，说明所选择的替代方案可有效实现政策目标的理由，以及在特定监管机构的职权、授权和资源范围内可依法获得的现有信息。

在透明度和公众参与方面，缔约方应确保法律、法规清晰简洁，被公众知晓并发布年度公报，应确保新监管措施语言简明、结构完善且易于理解，鼓励就计划采取的所有监管措施发布年度公报。在适当情况和法律许可的情况下，缔约方鼓励其监管机构在制定监管措施时也要考虑其他各方的监管措施，以及国际、区域和其他场合监管措施的新发展趋势。

在监管合作方面，该条款通常要求设立监管一致性委员会或类似机构。监管一致性委员会由每一缔约方政府代表组成，负责审议监管一致性条款实施和运作相关的问题及确定未来优先事项，包括潜在的部门倡议和合作活动等，通报监管一致性实施情况，分享最佳监管实践经验，并考虑潜在合作领域，至少每 5 年对良好监管实践进展情况、相关程序或机制的最佳实践情况，以及监管一致性条款实施经验进行审议。

在监管措施回溯和监管相容性方面，缔约方应采用或维持回顾性审议的程序或机制，以确定其对规则的修改或废除是否适当。回顾性审议重点是已采用的监管措施有效性和对新变化的适应性，并消除不必要的监管负担。促进监管相容性是比监管磋商更深层次的合作，如 USMCA 鼓励其缔约国监管机构相互参与监管工作。需要说明的是，监管措施回溯和监管相容性规定，往往存在于发达国家之间缔结的高层级的监管协调中，在由不同经济发展水平国家缔结的国际贸易投资协定中一般比较少见。

（十）争端解决机制

在国际投资争端解决中，磋商与调解是比较友好的投资争端解决方式，有助于双方之间合作关系继续维持与发展。因此，大多数国际投资协定都将磋商与调解作为提起国际仲裁的前置条件。在磋商与调解失败的情况下，国际仲裁成为另一种国际投资争端解决方式。在 NAFTA 之后的投资协定中，美国坚持实行投资者—国家争端解决（ISDS）机制，即投资者有权向国际商会（ICC）或国际投资争端解决中心（ICSID）提起国际投资争端仲裁。例如，《2012 年美国双边投资协定范本》规定，外国投资者在其认为东道国违反国民待遇、最惠国待遇、最低待遇标准、征收与补偿、转移、业绩要求、高层管理和董事会、有关投资的法律和决定时，可以将争端提交到国际仲裁机构解决。

按照国家对国际投资争端解决中心（ICSID）管辖权接受程度划分，现有国际投资协定主要有逐案同意、有限同意、全面同意与重要例外结合，以及全面同意四种方式。例如，《2012 年美国双边投资协定范本》采用了全面同意与重要例外结合方式，而 USMCA 采用了有限同意的方式，对投资者—国家争端解决机制进行了"量身定制"。

为了减少国际投资仲裁裁决不一致问题，《2012 年美国双边投资协定范本》进一步明确了准据法和合并审理制度。由于投资合同、国内法和国际投资协定都可能是国际投资争端裁决的依据，在国际投资实践中，越来越多的仲裁庭倾向于选择适用国际法而拒绝适用东道国法律，仲裁所依据准则的差异直接影响到当事人权利、义务以及裁决的结果。针对仲裁实践中存在的这些问题，《2012 年美国双边投资协定范本》根据不同的争端事由确定采用不同的准据法，即与国民待遇、最惠国待遇、转移、征收条款等相关的投资争端采用国际法裁决，而缔约方违反投资协定或投资授权引起的仲裁，则根据缔约方约定的法规裁决，如果缔约方没有明确规定可以适用的法规，仲裁庭根据东道国国内法律以及相关国际法规则裁决；在争端方提出合并审理情况下，相同或类似案情的国际投资仲裁可以合并审理，这不但可以节省仲裁当事方费用，而且最大限度避免了裁决不一致问题。

关于非缔约方在区域内的投资争端，USMCA 通过排他性条款进一步限制了投资者—国家争端解决机制的适用范围。USMCA 规定这一机制仅适用于美国与墨西哥二者之间的投资争端，但不适用于二者与加拿大之间的投资争端；如果附件中的缔约方（美国、墨西哥）投资者的实际控制人是其他非缔约方，该投资者除了在拒绝方以外没有别的实质性投资，那么协定中规定的权益都将被否决。也就是说，如果美国制裁某一非缔约国家或该国的投资者（或投资），该国投资者（或投资）绕道墨西哥对美国的投资，也不能享受 USMCA 规定的权益。此外，USMCA 还规定美国与墨西哥之间的国际投资争端解决机制不适用于"非市场经济体"。

《2012 年美国双边投资协定范本》和 USMCA 也通过提升仲裁透明度和引入"法庭之友"来纠正仲裁实践中对公共利益关注不够的缺陷。由于国际投资仲裁并不是常设机构，仲裁员独立性很难保证，而且国际投资仲裁脱胎于商事仲裁，仲裁员也大多来自英国、美国、法国和瑞士等发达国家，他们往往倾向于保护投资者。投资者—东道国争端解决机制具有公法属性，但仲裁员的来源决定了其在仲裁中往往会忽视公共利益。鉴于这种情况，《2012 年美国双边投资协定范本》不但要求仲裁相关文件应及时向公众公开，在确保受保护信息不被泄露的情况下，国际投资仲裁听证会应向公众开放。为了在全面考虑基础上做出正确的裁决，国际投资仲裁还引入了"法庭之友"。尽管《2012 年美国双边投资协定范本》进行了上述改进，但仍无法从根本上消除裁决结果相互冲突、为扩大自身权力而扩大管辖权、忽视东道国社会公共利益、被专业律师操纵等问题，尤其是仲裁结果可能使东道国面临巨额赔偿风险和负担。

虽然改革国际投资争端解决机制已经成为各国共识，但在具体方案上国际社会尚未达成一致意见。国际商事法庭代表了另一国际投资争端解决改革方向，其目的是设立一个类似常设仲裁庭的机构，典型代表是新加坡国际商事法庭（SICC）、荷兰国际商事法庭（NCC）、阿联酋迪拜国际金融中心法院（DIFC）等。与一般国内法院相比，国际商事法庭法官构成更加国际化，程序、证据等务实灵活，而且诉讼语言也选用了国际通用的英文。国际商事法庭也吸纳了国际商事仲裁中当事人意思自治的规定。例如，荷兰国际商事法院规定，无论诉讼标的是否与荷兰或荷兰法律相关，只要当事人双方书面一致同意将国际商事纠纷提交法庭审理，法庭就获得管辖权。新加坡的国际商事法院是最高人民法院下设的一个庭，属于最高人民法院的第一级，其判决自然是可以上诉的，但允许当事人意思自治，可以自行约定是否上诉。虽然国际商事法庭体系强调了争端解决机制的公法属性，弥补了投资者—国家争端机制的诸多缺陷，但该体系在裁决承认和执行、WTO机制移植、仲裁员独立性等方面还存在着一些问题，有待以后进一步完善。①

---

① 毛晓飞. 最高法国际商事法庭呼之欲出［EB/OL］. http：//www.legaldaily.com.cn/index/content/2018-05/28/content_ 7553919. htm？node=20908.

第二节　中国对外开放模式的演进

自 1978 年改革开放以来，中国对外开放大体上经历了两个阶段，即 1978～2013 年的要素和商品流动型开放为主导的阶段，以及 2013 年以来要素和商品流动型开放与制度型开放并存的全面开放阶段。由于对外开放政策是一种正式制度，要素和商品流动型开放的相关政策也可以说是中国制度型开放的雏形。2020 年以后，我国在构建新发展格局的同时，开始了全面制度型开放探索。

一、入世前的政策性开放

面临经济发展过程中的"双缺口"以及技术和管理水平落后问题，我国通过外资优惠政策大力推动要素和商品流动型开放，承接国际产业转移。在要素和商品流动型开放阶段，优惠政策制定和实施是与各类对外开放平台密切相关的。

1978～1994 年，随着我国从计划经济体制向市场经济体制转变，我国在经济基础和交通条件相对较好的沿海城市建设了出口特区、经济特区、沿海开放港口城市、国家经济技术开发区、沿海经济开放区、高新技术产业开发区和一般保税区等对外开放平台，赋予不同的优惠政策和功能定位，大力发展"三来一补"，并积极推进"市场换技术"。这些对外开放平台在中国对外开放过程中的作用如下：出口特区主要以关税减免政策优惠吸引外商投资从事加工贸易；经济特区除了利用外国资本和技术生产和出口以外，还尝试推进经济体制改革；沿海开放港口城市的目标是扩大出口创汇、利用外来资金和技术促进区域发展；国家经济技术开发区通过建设完善的基础设施，创建国际化投资环境，形成以高新技术产业为主的现代化工业结构；沿海经济开放区旨在构建"贸—工—农"一体化生产结构；高新技术产业开发区主要发展知识密集型与技术密集型产业；一般保税区集中了保税仓储、出口加工和转口贸易三大功能；国家级新区主要是为了提升沿海开放层次，促进长江沿江地带开放和发展。

为了推动上述对外开放平台建设，我国对贸易政策进行了市场化改革。在对外贸易体制改革方面，我国不但大幅压缩了出口计划列明商品和指导性计划商品种类，还将对外贸易权限从国家级外贸企业下放至各部委、省、市、自治区的外贸企业，并探索实施对外贸易承包经营制。在边境政策改革方面，我国加强了海关、外贸管理机构、检验机构协同，实施出口退税制度，强化关税的贸易调节作用以鼓励加工贸易。在利用外资方面，我国逐步从早期的以出口创汇购买先进设备过渡到"以市场换技术"阶段，推动购买设备与技术许可、特许经营、设备租赁相结合，技术引进与企业技术改造相结合。

1995 年 6 月 3 日，中国成为世界贸易组织观察员，同年 11 月 28 日，美国向我国递交了一份"关于中国'入世'的非正式文件"，中国正式踏上了"入世"磋商征程。为了恢复 GATT 缔约方地位、申请加入 WTO 和履行入世承诺，中国以 GATT（WTO）规则为标准，在加大国内改革的同时，进一步拓宽和深化了边境政策开放。同时，劳动和资源密集型产品出口不但使我国自然资源过度利用、环境污染加剧和贸易条件恶化，反倾销、反补贴调查等国际贸易摩擦不断，而且"两头在外"的外循环模式导致了对外国技术和市场的严重依赖，挤压了我国高技术企业的发展空间。

在这种情况下，我国以"入世"为契机，对外开放与对内改革相互促进，在扩大对外开放平台范围的同时进一步优化平台功能，形成了从沿海到沿江、从沿边到内陆，多层次、多渠道、全方位对外开放格局。在扩大开放方面，出口加工区旨在促进加工贸易优化存量、控制增量、规范管理、提高水平；跨境工业区主要实施单独关税区和自由港政策，并配合澳门低税制及投资鼓励政策吸引外资；保税物流园区主要是充分利用"区港一体"优势，保税港区享受保税区、出口加工区、保税物流园区相关的税收和外汇管理政策，综合保税区集保税区、出口加工区、保税物流区、港口的功能于一体，国家级新区主要是通过优惠政策和资金支持集聚要素，吸引外商投资。还有一些平台是针对某些国家或地区开放的，如中新天津生态城主要是推动与新加坡政府合作，经济开发区是为扩大西向开放奠定基础，重点开发开放试验区是为了提高沿边开发开放水平，"一带一路"目标是加强沿线各国实现经济政策协调，开展更大范围、更高水平、更深层次的区域合作。

与上述对外开放平台略有不同的是，国家综合配套改革试验区侧重点是国内行政管理体制、经济体制和社会管理体制改革，目的是探索政府管理模式创新，完善社会主义市场经济体制，统筹城乡发展，走新型工业化道路，发展高新技术产业和现代服务业，建设资源节约型和环境友好型社会。还有一些试验区聚焦于某些领域的改革，如国家自主创新示范区主要任务是在自主创新和高技术产业发展方面先行先试、探索经验、做出示范；内陆开放型经济试验区则进一步扩大内陆开放范围，覆盖到省级全域、全业，形成陆海内外联动、东西双向互济的高水平开放格局。

为了配合上述对外开放和对内改革平台建设，我国进一步加大了政策性开放力度。1994年我国出台的《中华人民共和国对外贸易法》，虽然还存在一些限制性条款，但在涉外经济政策市场化改革方面有许多突破。我国《贸易法》规定，根据互惠、对等原则给予中国所缔结或参加的国际贸易条约缔约方最惠国待遇、国民待遇；逐步放开对外贸易（货物进出口、技术进出口和国际服务贸易）经营者的经营自主权，除法律、行政法规另有规定外，国家准许货物和技术自由进出口，促进国际服务贸易逐步开展，根据所缔结或者参加的国际条约、协定中所作的承诺，给予其他缔约方、参加方市场准入和国民待遇；按照效益、公正、公开和公平竞争原则分配进出口货物配额；建立和完善为对外贸易服务的金融机构，设立对外贸易发展基金、风险基金；采取进出口信贷、出口退税及其他对外贸易促进措施。

二、入世后的政策性开放

加入 WTO 以后，党的十六届三中全会提出："按照市场经济和世贸组织规则的要求，加快内外贸一体化进程，形成稳定、透明的涉外经济管理体制，创造公平和可预见的法治环境。"我国又根据入世承诺和世界贸易组织规则对一些法律、行政法规作了修改，在几乎所有的双边和多边区域贸易协定中都包含非歧视性待遇和国民待遇，并且进一步完善市场经济制度。例如，中国根据 WTO 价格控制限制要求取消了货物和服务多重定价，保持中央与地方政策一致性，按照《补贴和反补贴协定》[①] 和《与贸易有关的投资措施协定》[②] 取消了国有企业亏损补贴，逐步清理了容易引起贸易摩擦的出口补贴和进口替代补贴等。据统计，为履行入世承诺，中国集中清理了 2300 多部不符合世界贸易组织规则的法律法规和部门规章，地方政府清理地方性政策法规 19 万多件，覆盖贸易、投资和知识产权保护等各个方面。在世界贸易组织分类的 12 大类服务部门的 160 个分部门中，中国承诺开放 9 大类的 100 个分部门，接近发达成员平均承诺开放 108 个分部门的水平。截至

[①] World Trade Organization. Agreement on Subsidies and Countervailing Measures ［EB/OL］. https：//www. wto. org/english/docs_ e/legal_ e/24-scm. doc.

[②] World Trade Organization. Agreement on Trade-Related Investment Measures ［EB/OL］. https：//www. wto. org/english/does_ e/legal_ e/18-trims_ e. htm.

2007 年，中国服务贸易领域开放承诺已全部履行完毕。[①]

作为我国对外贸易的上位法，2004 年修订的《中华人民共和国对外贸易法》进一步放宽外贸经营权范围，允许自然人从事对外贸易经营活动；取消对货物和技术进出口经营权审批，实行备案登记；对部分自由进出口货物实行进出口自动许可管理；加强对外贸易有关的知识产权保护，加大对违法行为及侵犯知识产权行为的处罚力度；增加了维护进出口经营秩序、扶持和促进中小企业开展对外贸易、建立公共信息服务体系、对外贸易调查、对外贸易救济等内容。此后，2016 年和 2022 年我国又对个别条款进行了修订。[②]

在外资管理和权益保障方面，2020 年之前我国制定并完善了具有"企业法"特征的《中外合资经营企业法》、《中外合作经营企业法》、《台湾同胞投资保护法》、《外资企业法》。其实，我国对外资立法比对国内公司立法还早。我国在 1993 年制定了《公司法》，并于 1994 年 7 月 1 日起施行，而对外资立法可以追溯到改革开放之初。1979 年，我国制定了《中外合资经营企业法》，并于 1990 年、2001 年和 2016 年进行了修订；1986 年和 1988 年又分别制定了《外资企业法》和《中外合作经营企业法》，并于 2000 年和 2016 年对这两部法律进行了修订。后来为了保护和鼓励台湾同胞投资，我国又在 1994 年出台了《台湾同

---

① 中国与世界贸易组织白皮书［EB/OL］. http：//ga. mofcom. gov. cn/article/zctz/201807/20180
702767333. shtml.

② 2016 年将《中华人民共和国对外贸易法》第十条第二款修改为："从事对外劳务合作的单位，应当具备相应的资质。具体办法由国务院规定。"2022 年删去第九条。

胞投资保护法》，并于 2016 年进一步修订完善。为了促进产业结构升级，自 1995 年起我国颁布了《外商投资产业指导目录》，通过鼓励、允许、限制和禁止四类政策，引导和优化外商投资产业布局。随着我国市场经济体制完善，尤其是 1993 年《公司法》、1999 年《合同法》① 和 2007 年《企业所得税法》② 颁布以后，外商投资企业与内资企业政策逐渐并轨，在一些领域外资企业不再享有"超国民待遇"。

在对外投资管理方面，我国逐渐下放审批权限，简化审批程序。20 世纪 80 年代初期，为了支持国有制造企业出口，吸收和传播国外市场信息、管理经验和知识，中国企业也进行了小规模对外直接投资。但是，由于中国国内资本市场尚不健全，一些国内投资项目和对外直接投资项目面临着严重的融资约束，特别是在非优先领域的融资受到了更多制约。与此相关的法规普遍特征是审批严格而且手续烦琐，用汇也受到了较多的限制。③ 自 2001 年"走出去"战略实施以来，为适应对外直接投资发展需求，中国对外投资管理政策经历了由审批制向核准制、再到备案制转变。2004 年国务院和国家发展改革委分别颁布了《关于投资体

---

① 2020 年 5 月 28 日，十三届全国人大三次会议表决通过了《中华人民共和国民法典》，自 2021 年 1 月 1 日起施行。《中华人民共和国合同法》同时废止。

② 《中华人民共和国企业所得税法》于 2007 年 3 月 16 日由第十届全国人民代表大会第五次会议通过，自 2008 年 1 月 1 日起施行。

③ 这些法规主要有原对外经济贸易部发布的《关于在国外和港澳地区举办非贸易性合资经营企业审批权限和原则的通知》（1984）、《关于在境外开办非贸易性企业的审批程序和管理办法的试行规定》（1985）和《关于在境外举办非贸易性企业的审批和管理规定（试行稿）》（1992），以及国家外汇管理局颁布的《境外投资外汇管理办法》（1989）和《境外投资外汇管理办法细则》（1990）。

制改革的决定》和《境外投资项目核准暂行管理办法》，开始在全国范围内推动对外投资管理体制由审批制向核准制转变，2009年商务部颁布的《境外投资管理办法》又进一步下放了核准权限、简化核准程序。2014 年国家发展改革委颁布的《境外投资项目核准和备案管理办法》标志着中国对外投资管理体制又从核准制进一步转向备案制。为了配合"走出去"战略实施，国家外汇管理局也放松了外汇管制，[①] 国家部委和政策性银行也联合出台了一系列优惠信贷政策。[②] 在税收服务与管理方面，国家税务总局也进行了相应的政策调整以服务于"走出去"战略和"一带一路"倡议的实施。

为了履行入世承诺而进行的政策性开放，减少了中国与世界之间要素和商品流动的制度障碍，政策开放红利促进了进出口贸易增长。自 2001 年以来，中国在全球出口和进口中的占比持续快速增长，分别由最初的 4.3% 和 3.8% 增长至 2021 年的 15.07% 和 11.9%。与其他主要国际贸易大国相比，政策性开放的收益也是显而易见的。2009 年中国取代德国成为全球最大的出口国和仅次于美国的进口国，中国 2010 年以来的出口全球占比，以及 2013 年以

---

① 在用汇方面，2006 年国家外汇管理局发布《关于调整部分境外投资外汇管理政策的通知》，2009 年国家外汇管理局发布《境内机构境外直接投资外汇管理规定》，2012 年国家外汇管理局发布《关于进一步改进和调整直接投资外汇管理政策的通知》。

② 2004 年国家发展改革委和中国进出口银行联合发布《关于对国家鼓励的境外投资重点项目给予信贷支持政策的通知》。根据 2005 年国家发展改革委、国家开发银行发布的《关于进一步加强对境外投资重点项目融资支持有关问题的通知》，2005 年财政部、商务部印发了《对外经济技术合作专项资金管理办法》。为了满足我国企业融资和海外投资风险保障的需要，2006 年国家开发银行、中国出口信用保险公司联合发布《关于进一步加大对境外重点项目金融保险支持力度有关问题的通知》。

来进口全球占比，都一直维持在 10% 以上，并且呈现出上升态势，而同期美国、德国和日本全球占比却日趋下降。尤其是在进口全球占比方面，中国与美国日趋接近，如图 4-1 和图 4-2 所示。在对外投资方面，总体来看，与美国、日本相比，中国对外投资全球占比略低，但却是全球占比增长最快的国家，而且在 2012 年之后超过了德国，如图 4-3 所示。在利用外资方面，虽然中国与美国还有一定差距，但总体上高于中国香港、新加坡、德国，在 2008 年之后绝大部分年份（2016 年除外）里也高于英国，如图 4-4 所示。

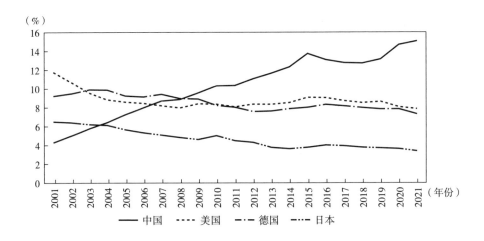

图 4-1　中、美、德、日在世界总出口中占比

资料来源：根据 CEIC 数据库相关数据自绘。

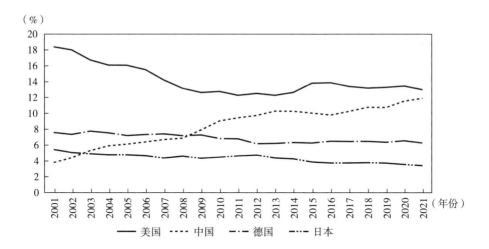

图 4-2 中、美、德、日在世界总进口中占比

资料来源：根据 CEIC 数据库相关数据自绘。

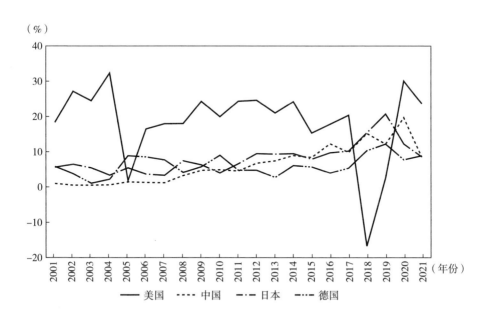

图 4-3 中、美、德、日 OFDI 流量世界占比

资料来源：根据 CEIC 数据库相关数据自绘。

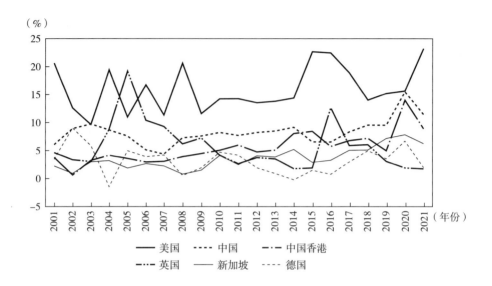

（％）

图 4-4　主要国家（地区）IFDI 流量占比

资料来源：根据 CEIC 数据库相关数据自绘。

需要说明的是，虽然在传统的商品和服务贸易领域，相关的规章制度基本与发达国家趋同，但贸易自由化、便利化水平仍有较大的提升空间。入世 20 多年来，中国关税总水平已由当初的 15.3% 降至 2023 年的 7.3%，低于 9.8% 的入世承诺。但是，WTO 统计数据显示，2021 年中国关税总水平为 7.5%，与澳大利亚（2.4%）、美国（3.4%）、英国（3.9%）、日本（4.2%）、欧盟（5.2%）等国家和地区还有较大差距，在 164 个 WTO 成员国中排名第 62。

三、全面制度型开放探索

随着国际生产方式变革，商品和要素流动进一步演变为全球生产链上的任务贸易，我国政府制定的出口退税政策、进口管理政策，利用外资和对外投资政策等已经不能完全满足全球生产网络的需要了，所处生产阶段与制度环境的匹配使我国被锁定在全球价值链低端。在以要素和商品流动为主要特征的全球化阶段，我国主要侧重关税和非关税壁垒削减及其国内优惠政策设计，更多的是"碎片化"政策，而不是统一的制度体系。在对外开放过程中建立的各类平台政策纵横交错、政出多门，各个平台独享的优惠政策也是一种歧视性政策，可能对平台之外企业产生挤出效应，各类优惠政策还可能带来寻租和腐败，扭曲资源配置。

改革开放 40 多年的实践表明，过去中国是政策性开放的参与者和受益者，如今也正积极地参与制度型开放。中国要实现高质量发展，需要与时俱进，构建更高水平开放型经济体制。2020年 5 月，中共中央、国务院发布《关于新时代加快完善社会主义市场经济体制的意见》指出："坚持扩大高水平开放和深化市场化改革互促共进。坚定不移扩大开放，推动由商品和要素流动型开放向规则等制度型开放转变，吸收借鉴国际成熟市场经济制度经验和人类文明有益成果，加快国内制度规则与国际接轨，以高水平开放促进深层次市场化改革。"[①] 2013 年以来，我国进入了以自由贸易试验区为引领的全面制度型开放阶段，主要目标是通过对标高标准国际经贸规则，创造良好的营商环境，摆脱价值链

---

① 中共中央国务院. 关于新时代加快完善社会主义市场经济体制的意见［EB/OL］. http://www.gov.cn/zhengce/2020-05/18/content_ 5512696. htm.

"低端锁定"。

2013～2020年，我国在推进供给侧改革的同时，试图将自由贸易试验区打造成为制度型开放高地。为了降低制度型开放风险，自由贸易试验区承担了高标准国际经贸规则先行先试的重任。自2013年上海自由贸易试验区试点以来，中国已分7批次成立22个自由贸易试验区。习近平总书记在2014年强调，牢牢把握国际通行规则，大胆闯、大胆试、自主改，尽快形成一批可复制、可推广的新制度，加快在促进投资贸易便利、监管高效便捷、法治环境规范等方面先试出首批管用、有效的成果。2018年10月，习近平总书记提出把自由贸易试验区建设成为新时代改革开放的新高地，强调面向未来，在深入总结评估的基础上，继续解放思想、积极探索，加强统筹谋划和改革创新，不断提高自由贸易试验区发展水平，形成更多可复制、可推广的制度创新成果，为实现"两个一百年"奋斗目标、实现中华民族伟大复兴的中国梦贡献更大力量。李克强总理指出，坚持新发展理念，更大力度推动自由贸易试验区改革开放创新，着眼解决深层次矛盾和结构性问题，强化改革统筹谋划和系统集成，继续狠抓制度创新，加快形成发展和竞争新优势，积累更多可在更大范围乃至全国复制推广的经验，进一步发挥改革开放"排头兵"的示范引领作用。

2020年至今，面对"脱钩"风险，为确保供应链安全，我国在构建以国内大循环为主体、国内国际双循环相互促进的新发展格局的同时，积极推动以自由贸易试验区为引领的全面制度型开放。目前，以自由贸易试验区为引领的"准入前国民待遇+负面清单"政府管理模式已在全国范围内推行。2021 年，海南省发布了中国首份跨境服务贸易领域负面清单《海南自由贸易港跨境服务贸易特别管理措施（负面清单）》（2021 年版），同年我国又进一步精简了全国版外商投资准入负面清单和自由贸易试验区版负面清单，二者分别缩减至 31 条和 27 条。在自由贸易区试验基础上，2020 年底中欧签订了《中欧全面投资协定》，虽然目前尚未生效，但该协定体现了中国进一步扩大制度型开放的决心和信心。2021 年，中国已经完成 RCEP 核准，成为率先批准该协定的国家，同年中国又正式提出申请加入 CPTPP。

第三节 中国制度型开放的现状与问题

作为世界上最大的发展中国家，中国积极推动以自由贸易试验区为引领的全面制度型开放。由于国际经济交易行为涉及的制度层级差异，我国相关领域制度与高标准国际经贸规则的差距也不尽相同。

一、制度差距较小的规则

中国与发达国家所倡导的国际经贸规则差异较小的领域主要

有竞争力和和商务便利化、中小企业、合作与发展能力援助、环境保护等方面。

（一）竞争力和商务便利化

虽然在中国参加的两项新协定 RCEP 与 CAI 中没有单独设立相关章节，但在"一带一路"倡议中，我国提出着力研究解决投资贸易便利化问题，消除投资和贸易壁垒，打造"一带一路"区域良好的营商环境。例如，"一带一路"倡议要求降低非关税壁垒，共同提高技术性贸易措施透明度，提高贸易自由化便利化水平；沿线国家宜加强信息互换、监管互认、执法互助的海关合作，以及检验检疫、认证认可、标准计量、统计信息等方面的双边和多边合作，推动世界贸易组织《贸易便利化协定》生效和实施；改善边境口岸通关设施条件，加快边境口岸"单一窗口"建设，降低通关成本，提升通关能力；优化产业链分工布局，推动上下游产业链和关联产业协同发展，鼓励建立研发、生产和营销体系，提升区域产业配套能力和综合竞争力；加强供应链安全与便利化合作，推进跨境监管程序协调，推动检验检疫证书国际互联网核查，开展"经认证的经营者"（AEO）互认；扩大服务业相互开放，推动区域服务业加快发展。

中国在加强供应链建设以提高竞争力和商务便利化水平方面也进行了积极的探索。党的十九大报告首次将"现代供应链"发展正式上升为国家战略。2017 年 10 月，国务院办公厅印发的《关于积极推进供应链创新与应用的指导意见》凸显了供应链建设对国家经济发展、企业创新的重要意义。意见在发展目标中明确提出，到2020年，形成一批适合中国国情的供应链发展新技术和新模式，基本形成覆盖中国重点产业的智慧供应链体系。随后在2018年5月，财政部、商务部联合发布《关于开展2018年流通领域现代供应链体系建设的通知》，进一步提出积极开展供应链建设的建议。2020年10月，"十四五"规划和2035年远景目标明确提出，提升产业链供应链现代化水平，做好供应链战略设计和精准施策，推动全产业链优化升级，同时要优化产业链供应链发展环境，强化要素支撑，形成具有更强创新力、更高附加值、更安全可靠的产业链供应链，持续优化市场化、法治化和国际化营商环境。

事实上，供应链建设与竞争力和商务便利化是相互促进、相互制约的。在区域竞争力提升方面，交通和物流体系建设只是硬件配备，更重要的是促进要素整合、需求对接、相关产业合作以及企业间战略、结构与竞争所需要的各种正式和非正式制度。如上所述，在改革开放过程中，我国设立了出口特区、经济特区、沿海开放港口城市、国家经济技术开发区、沿海经济开放区、高新技术产业开发区和一般保税区、国家级新区、沿江对外开放城市、长江三峡经济开放区、综合保税区、中新合作项目工业园区、出口加工区、跨境工业区、保税物流园区、综合保税区、国家综合配套改革试验区、中新天津生态城、保税港区、国家自主创新示范区、经济开发区、重点开发开放试验区和内陆开放型经济试验区等一系列开放平台。但是，相关制度不健全，政府没有就区域合作对竞争力的影响进行评估，各个平台存在功能和政策差异，政府间、政府与商业界、政府与民间团体间彼此协调不足，区域竞争优势还有较大提升空间。

（二）中小企业

在中国已经签署的国际贸易投资协定中，包含中小企业和发展能力援助条款的并不多。虽然中国—新西兰自由贸易协定涉及这一条款，也只是把"合作"重点放在确立双方经济合作目标和中小企业合作目标上。在实践中，我国主要是通过国内法来促进中小企业发展。例如，2002 年我国颁布了《中华人民共和国中小企业促进法》，2005 年印发了《国务院关于鼓励支持和引导个体私营等非公有制经济发展的若干意见》，2009 年印发了《国务院关于进一步促进中小企业发展的若干意见》，2013 年工业和信息化部出台了《关于促进中小企业"专精特新"发展的指导意见》，2016 年工业和信息化部印发了《促进中小企业发展规划（2016—2020 年）》，2020 年 17 部门联合发布《关于健全支持中小企业健全发展的若干意见》。特别是 2021 年财政部、工业和信息化部联合印发的《关于支持"专精特新"中小企业高质量发展的通知》[①]，运用中央财政支持"专精特新"中小企业高质量发展政策，加快提升中小企业专业化、精细化、特色化及创新水

---

① 财政部，工业和信息化部. 关于支持"专精特新"中小企业高质量发展的通知 [EB/OL]. https：//www. gov. cn/zhengce/zhengceku/2021-02/03/content_ 5584629. htm.

平。2022 年工信部进一步印发了《优质中小企业梯度培育管理暂行办法》①。

目前，国家对中小企业扶持更多地体现在奖励和补贴资金方面。例如，财政部、工业和信息化部印发的《关于支持"专精特新"中小企业高质量发展的通知》提出，2021~2025 年中央财政累计安排 100 亿元以上奖补资金，政策支持内容是加大创新投入，加快技术成果产业化应用，推进工业"四基"领域或制造强国战略明确的十大重点产业领域"补短板"和"锻长板"；与行业龙头企业协同创新、产业链上下游协作配套，支撑产业链补链延链固链、提升产业链供应链稳定性和竞争力；促进数字化网络化智能化改造，业务系统向云端迁移，并通过工业设计提品质和创品牌。财政部印发的《中小企业发展专项资金管理办法》② 要求，专项资金采取财政补助、以奖代补、政府购买服务等支持方式，主要用于引导地方政府、社会资本等支持中小企业高质量发展。

我国的中小企业政策没有涉及中小企业条款中所说的信息共享，也没有设立中小企业委员帮助企业利用合作协定可能带来的商业机会，交流和讨论中小企业出口经验和最佳实践，以及树立良好商业信用等。虽然通知中也提及支持的内容是供应链建设、

---

① 工业和信息化部. 优质中小企业梯度培育管理暂行办法［EB/OL］. https：//www. gov. cn/zhengce/zhengceku/2022-06/02/5693548/tiles/b688da806d224e828076c99a2cbb9151. pdf.

② 财政部. 中小企业发展专项资金管理办法［EB/OL］. https：//www. gov. cn/gongbao/content/2021/content_5633454. htm.

数字化改造和国际合作，但并没有告诉如何去实施。在扶持对象方面，资格评定更多的是"锦上添花"，而不是"雪中送炭"。以深圳市为例，资格要求是企业设立2年以上，上年营业收入在1000万元以上，上年营业收入增长率不低于15%，或近两年主营业务收入或净利润的平均增长率不低于10%，近两年的研发投入占销售收入的比重达到3%以上。此外，这些奖补资金属于补贴性质，违背了高标准国际经贸规则中的竞争中性和补贴条款。

（三）合作与发展能力援助

在合作与能力建设方面，我国主要偏向"一带一路"沿线国家合作。"一带一路"倡议提出政策沟通、设施联通、贸易畅通、资金融通、民心相通。在合作重点方面，沿线各国可以就经济发展战略和对策进行充分交流对接，共同制定推进区域合作的规划和措施，协商解决合作中的问题，共同为务实合作及大型项目实施提供政策支持；沿线国家宜加强能源、交通、光缆等基础设施建设规划、技术标准体系对接，共同推进国际骨干通道建设，逐步形成连接亚洲各次区域以及亚欧非之间的基础设施网络；消除投资和贸易壁垒，构建区域内和各国良好的营商环境，创新贸易方式，发展跨境电子商务等新的商业业态，促进与沿线国家在新一代信息技术、生物、新能源、新材料等新兴产业领域的深入合作，探索投资合作新模式，鼓励合作建设境外经贸合作区、跨境经济合作区等各类产业园区，促进产业集群发展；加强科技合作，共建联合实验室（研究中心）、国际技术转移中心、海上合作中心，促进科技人员交流，合作开展重大科技攻关，积极开拓和推进与沿线国家在青年就业、创业培训、职业技能开发、社会保障管理服务、公共行政管理等共同关心领域的务实合作[①]。

在合作机制方面，"一带一路"倡议提出建立完善双边联合工作机制，充分发挥现有联委会、混委会、协委会、指导委员会、管理委员会等双边机制作用，协调推动合作项目实施，研究推进"一带一路"建设的实施方案、行动路线图；强化多边合作机制作用，发挥上海合作组织（SCO）、中国—东盟"10＋1"、亚太经合组织（APEC）、亚欧会议（ASEM）、亚洲合作对话（ACD）、亚信会议（CICA）、中阿合作论坛、中国—海合会战略对话、大湄公河次区域（GMS）经济合作、中亚区域经济合作（CAREC）等现有多边合作机制作用。

（四）环境保护

环境保护是人类可持续发展的重要手段，也是企业社会责任的重要内容。自 20 世纪 90 年代以来，在环保组织积极推动下，环保条款在国际贸易投资协定中得到了体现，而且随着企业社会责任的推进而不断扩展和完善，在近年来签署的高标准贸易投资协定中，这一条款总体来看有所加强。尽管中国是一个发展中国家，但在履行高标准国际经贸规则的环保条款方面充分体现了大国担当的雄心和力度。在 2009 年召开的哥本哈根气候变化会议

---

① 国家发展改革委，外交部，商务部. 推动共建丝绸之路经济带和 21 世纪海上丝绸之路的愿景与行动［N］. 人民日报，2015-03-29.

上，我国政府承诺"2020 年单位国内生产总值二氧化碳排放比 2005 年下降 40%~45%"。事实上，2020 年我国单位国内生产总值二氧化碳排放比已经下降了 48.4%，超额履行了承诺。在 2020 年 9 月召开的第七十五届联合国大会上，习近平主席提出"中国将提高国家自主贡献力度，采取更加有力的政策和措施，二氧化碳排放力争于 2030 年前达到峰值，努力争取 2060 年前实现碳中和"。从"碳达峰"到"碳中和"，美国承诺需要 43 年，而我国承诺需要 30 年左右。"碳达峰"和"碳中和"承诺表明，对于有益于社会经济发展的高标准国际经贸规则，中国政府是积极支持并切实履行的。

二、制度差距适中的规则

中国与发达国家所倡导的国际经贸规则差异适中的领域主要有准入前国民待遇和负面清单、知识产权保护、争端解决机制以及政府采购、透明度与反腐败等方面。

（一）准入前国民待遇和负面清单

如前所述，准入前国民待遇要求东道国让渡更多的经济主权，负面清单和例外条款又可以减少所承担的义务。目前，我国在负面清单方面既存在较大的缩减空间，又缺少一些正当的保护国家经济主权或促使该条款不被滥用的限制，这使得中国在确保国家安全方面少了一堵"防火墙"。

在市场准入方面，我国的外资政策既有鼓励又有限制，仍然干预较多。在 2022 年版《市场准入负面清单（2022 年版）》中，禁止准入事项粗略地列出了 6 项，许可准入事项按行业列出了 111 项，共计 117 项，相比 2020 年版减少 6 项。但是，在附件《与市场准入相关的禁止性规定》中又按行业列出了 156 项。

在中国签署的投资协定中，对公正与公平待遇扩大解释的限制不够具体。在 2007 年前中国签署的投资协定中，公正与公平待遇标准采用并没有给出明确、具体的解释。2007 年以来，中国也针对仲裁实践中公正与公平待遇标准被扩大解释的做法进行了限制，即要求公正与公平待遇的依据是普遍接受的国际法原则，但这一规定仍然比较宽泛，与美国对公平与公正待遇扩大解释的限制相比还不够明确具体，可执行性相对较弱。

中国所公布的负面清单中没有包含未来不符措施。目前，中国分别在《外商投资准入特别管理措施》和《自由贸易试验区外商投资准入特别管理措施》中公布了"全国版"、"自贸版"两张负面清单。但是，在这些负面清单中只列出了现行不符措施，并没有对未来不符措施进行详细的说明，这不但压缩了中国政府未来的政策空间，也使中国新兴产业和未来产业发展面临着较大风险。

此外，中国现有国际投资协定也缺少与美国 2012 年双边投资协定中"特殊手续与信息要求"类似的最惠国待遇条款例外。

（二）知识产权保护

2020 年开始施行的《中华人民共和国外商投资法》进一步

加强了知识产权保护，要求技术合作条件由投资各方遵循公平原则平等协商确定，行政机关及其工作人员不得利用行政手段强制转让技术。第二十二条规定，国家保护外国投资者和外商投资企业的知识产权，保护知识产权权利人和相关权利人的合法权益；对知识产权侵权行为，严格依法追究法律责任。国家鼓励在外商投资过程中基于自愿原则和商业规则开展技术合作，技术合作的条件由投资各方遵循公平原则平等协商确定。第二十三条还要求行政机关及其工作人员对于履行职责过程中知悉的外国投资者、外商投资企业的商业秘密，应当依法予以保密，不得泄露或者非法向他人提供。①

但是，"盖天下之事，不难于立法，而难于法之必行"②。这句话的意思是说，天下事情困难之处不在于制定法令，而在于让法令切实地得到贯彻执行，法规制度的生命力在于执行。如何有效地执行《外商投资法》中的知识保护条款是我国下一步努力的方向。

（三）争端解决机制

在国际贸易投资争端解决方面，中国强调友好协调和调解原则、合规审查、临时救济和中止义务，更加倾向于通过合作和磋商，达成共同商定的争端解决办法，也支持争端各方可在任何时候同意自愿采取斡旋、调解或调停等争端解决的替代方式。如果

①　2019年3月15日第十三届全国人民代表大会第二次会议通过《中华人民共和国外商投资法》［EB/OL］. http://www.npc.gov.cn/npc/c30834/201903/121916e4943f416b8b0ea12e0714d683.shtml.
②　出自明代张居正的《请稽查章奏随事考成以修实政疏》。

达成共同商定的解决办法，争议各方应毫不拖延地遵守相互商定的解决办法，采取必要措施在商定时期内执行双方商定的解决办法。如果磋商不成功，中国也接受依照国际公法解释的习惯规则进行解释，倾向于采用国家间投资争端解决机制。

在"法庭之友"方面，中国缺少这方面规定。与英美法系不同，中国法律制度属于大陆法系，不具有对抗式诉讼程序，"法庭之友"资源也相对缺乏。但是，从国际投资仲裁案例来看，"法庭之友"有其积极的一面，它们更多地关注公共利益。与"法庭之友"制度类似，美国2012年双边投资协定范本中所述的专家报告，在中国贸易投资协定中也未提及，但不排除在未来缔结协定中以适当形式引入这一制度。

在国际投资仲裁的准据法方面，中国的相关规定还不具体。与美国2012年双边投资协定范本针对不同类型争端规定不同的准据法相比，中国2010年双边投资协定范本草案只是规定了基本原则。如果协定中约定了法律规范，应依据争端双方协定的法律规范裁决争端；如果协定中没有约定，则应适用争端缔约方的法律。事实上，"量身定制"准据法也是减少投资协定执行中的不确定性和维持自身利益的重要途径之一。随着中国利用外资和对外投资发展，以及法律制度能力不断提升，根据国际投资仲裁实践发展"量身定制"准据法也可能是中国缔约投资协定的发展趋势。

在国际投资争端解决机制改革方面，虽然中国已在深圳市和西安市设立了国际商事法庭，但审理范围主要是针对"一带一路"共商共建过程中出现的纠纷，而且只受理与中国有实质联系的案件，与国际上通行的国际商事法庭在理念、法官构成、程序设计方面相差较大。

（四）政府采购、透明度与反腐败

在正式加入《区域全面经济伙伴关系协定》（RCEP）之前，我国还没有在国际贸易投资协定中将政府采购作为独立内容单列，甚至在多数协定中没有提及政府采购内容，部分协定中只是描绘了政府采购开放的愿景，缺少可执行的措施。与冰岛、韩国、智利等签订的自贸协定中，只是在"经济合作"章节列出双方政府采购的有关规定。例如，在《中华人民共和国政府和冰岛政府自由贸易协定》中，合作部分的第九十九条提出"双方应在中国成功结束加入《世界贸易组织政府采购协定》的谈判后尽快举行磋商，考虑采取可能的步骤以便在双方之间达成政府采购协定"，该条款并没有明确双方开放实体的范围和门槛价，只是承诺在中国加入政府采购章程（GPA）后就开放双方政府采购市场进行谈判。

从《中华人民共和国政府采购法》、《政府购买服务管理办法》和《关于促进政府采购公平竞争优化营商环境的通知》相关条款来看，我国在采购透明度和腐败监管的程序规定方面，还与高标准国际经贸规则存在一定差距，采购过程中对政府采购委员会和国内审查程序重视不够。在绿色采购方面，虽然《中华人民共和国政府采购法》、《循环经济促进法》、《节能产品政府采购实施意见》、《环境标志产品政府采购实施的意见》等法规确定了绿色采购目标，但相关条款只是原则性条款，要么缺少可操作性，要么就是强制性不足，甚至在《政府购买服务管理办法》（财政部令第 102 号）和《关于促进政府采购公平竞争优化营商环境的通知》中均未涉及环境和可持续发展。上述情况在一定程度上可能与中国尚未加入《政府采购协定》相关。

当然，中国也在进行加入 WTO《政府采购协定》的准备工作，并在努力推动成本效率和透明度改革。2019 年 10 月 20 日，中国向 WTO 提交了加入 GPA 的第 7 份出价，标志着我国向更高层次的开放迈出了积极一步。还有一些省份在某些方面正在积极向高标准国际经贸规则靠拢，如河南省财政厅发布了《关于优化政府采购营商环境有关问题的通知》，提出政府采购过程中需遵循竞争中性原则，及降低供应商参与政府采购活动交易成本的具体措施，搭建"银企"对接平台，推进政府采购的合同融资来鼓励金融机构对政府采购的信贷支持，提高中小企业在政府采购过程中的参与份额，其中预留给小微型企业的采购预算占比不低于20%，中小型企业不低于30%；在技术使用方面，河南省财政厅《关于印发推进实施政府采购在线监管工作方案的通知》明确提出，通过完善全省统一的政府采购系统、推动政府采购系统与其他系统互联互通，加强采购资金的在线监管等措施，提升政府采购过程中的信息技术含量。

RCEP 是我国签署的首个对政府采购承担责任义务的区域贸易协定，但该协定缔约方对政府采购的承诺与高标准国际经贸规则对政府采购的要求相比还有一定差距。RCEP 的政府采购相关事宜被排除在争端解决机制之外，政府采购程序没有明确规定，不同缔约方对政府采购的开放程度存在较大差异，有些条款对缔约方的要求是"应努力、尽可能"等软性规定而不是硬性义务。例如，政府采购透明度条款规定"每一缔约方应努力使其政府采购相关程序可被公开获取，每一缔约方努力在尽可能且适当的情况下通过电子方式使第一款所涉信息可被获取并更新，每一缔约方努力使第一款所涉信息的英文版本可被获取"；政府采购合作条款规定"缔约方努力就政府采购相关事项进行合作，在尽可能的情况下就缔约方的法律、法规和程序以及其中任何的修订交换信息，在可能情况下共享包括与涵盖微型企业在内的中小企业相关的最佳实践信息，在可能情况下共享与电子采购系统相关的信息"。

同样地，在透明度与反腐败方面，中国也有一些需要改进的地方。在公众参与度方面，中国所签署的国际贸易投资协定很少提到公众可以在一定期限内进行评论，也未邀请民间社会组织、私营企业等社会组织参与，更未说明如何回复公众提问以及如何解释拟议法规中的实质性修订。虽然近年来中国法律和法规制定也开始试行征求公众意见，但公民参与意识较低，立法者对公众所提问题回复重视程度不够，最终版本主要取决于人大、政协等官方渠道意见。在信息发布方面，除了中国—新西兰自由贸易协定，中国签署的大多数国际贸易投资协定仍然采用"及时"等这样含糊的表述，并未对时间做出明确、具体的规定，而且时效性也不强。

三、制度差距较大的规则

中国与发达国家所倡导的国际经贸规则差异较大的领域主要有竞争中性与国有企业、数字经济安全、劳工权益保护和监管一致性等条款。

（一）竞争中性与国有企业

1949 年中华人民共和国成立后，为了快速建立起独立的、比较完整的工业体系和国民经济体系，我国借鉴了苏联的经验，实行了计划经济，选择了重工业优先发展战略。由于资金和技术严重短缺，我国实施了私营工商业国有化，国有经济在国民经济中占据了绝对支配地位。与这种经济体制相对应，中央政府通过制定和实施产业政策，直接参与国有企业经营，资金、原料和劳动力配置主要依赖政府计划，国内商品也实行统购统销制度。虽自党的十四届三中全会以来，我国逐渐建立了社会主义市场经济体制，但受路径依赖制约，政府管理模式改革滞后于经济体制改革，国有企业改革进展缓慢。

当前，国有企业经营中依然面临着委托代理问题、激励问题、信息问题和软预算约束问题等。特别是财政分权、官员晋升竞争等措施在提高地方政府发展经济积极性的同时，也导致了国有企业与行政垄断结合，国有企业治理模式难以适应国际生产方式变革和市场经济发展需要。在国有企业享受了财政补贴、隐性担保等非商业援助的情况下，如何确保不同所有制企业之间"竞争中性"？与全球生产链上非国有（集体）企业之间的商业契约关系不同，国有（集体）企业与其他所有制企业之间的契约性质由商业契约转变为行政契约。在这种情况下，如何解决国有企业与非国有企业之间的贸易或投资争端？在财政补贴方面，中国的专项资金补贴更偏向于国有企业，甚至客观上存在 WTO 已明令禁止的出口和进口替代补贴，与发达国家倾向于功能性补贴的政策体系存在较大区别。因此，在我国所签署的国际贸易投资协定中较少包括竞争中性和国有企业条款，RCEP 也只是在政府采购的透明度义务方面涉及部分竞争中性内容。

但是，面临这些问题，我国并没有回避，而是在积极探索国有企业改革途径。在竞争中性方面，中国人民银行行长易纲在 2018 年召开的 G30 国际银行业研讨会上提出，为解决中国经济中存在的结构性问题，将加快国内改革和对外开放，加强知识产权保护，并考虑以竞争中性原则对待国有企业。李克强总理在 2019 年《政府工作报告》中提出，按照竞争中性原则在要素获取、准入许可、经营运行、政府采购和招投标等方面，对各类所有制企业平等对待。目前，国务院国资委着力多措并举，强化正向激励，改革国有资本授权经营体制，加快向管资本转变，着力推动国有资本投资运营公司试点，着力推进混合所有制改革和股权多元化，着力推进董事会建设和经理层任期制的契约化。

（二）数字经济安全

由于数字技术在重塑人类生产生活方式的同时，也给国家安全与经济社会发展带来了新的问题，各国政府将不得不在数据自由流动、公共政策目标和信息安全等方面权衡取舍。由于技术优势、价值理念等方面的差异，各国在互联网和数字技术治理模式方面存在分歧。在这三个方面的优先次序上，发达国家倾向于跨境数据自由流动优先，而中国等新兴经济体更加强调了国家安全和社会公共利益的重要性。虽然各国对互联网和数字技术治理中的国家主权原则没有太多异议，但发达国家更加强调"多利益相关方"治理模式，认为私营部门、非政府组织、技术社群、互联网用户等非国家行为体与政府作用同等重要，而中国等新兴市场经济体则更加强调政府作用。即使在发达国家内部也存在分歧。例如，美国强调互联网言论自由和数据自由流动，欧盟认为政府应重视个人信息安全和隐私保护。

针对全球数据安全领域复杂的国际形势，我国在 2020 年 9 月 8 日发起了《全球数据安全倡议》（以下简称《倡议》），倡议国际社会重视国家安全和社会公共利益。在企业层面，我国倡议信息技术产品和服务供应企业不得在产品和服务中设置后门，产品供应方及时向合作伙伴及用户告知产品安全缺陷或漏洞，并提出补救措施。在国家层面，我国倡议各国应反对利用信息技术破坏他国关键基础设施或窃取重要数据，防范、制止利用网络侵害个人信息的行为，不得要求本国企业将境外产生、获取的数据存储在境内，未经他国法律允许不得直接向企业或个人调取位于他国的数据，如因打击犯罪等执法需要跨境调取数据，应通过司法协助渠道或其他相关多双边协议解决。

同时，我国也积极参与全球数字经济治理合作。在数字经济治理中，各国政府也面临着一系列困难。基于代码化的市场和算法的规则抵消了政府规章制度效力，企业对数据资源控制影响了政府与企业的权力边界；信息技术发展也使传统的国家地理边界模糊，打击网络犯罪和促进数字贸易等方面国家主权行使也依赖于国际合作和全球共同治理。上述问题的解决迫切需要国际社会加强合作和规则趋同。在 2023 年 11 月 16 日召开的亚太经合组织工商领导人峰会上，习近平主席发表了题为《同心协力 共迎挑战 谱写亚太合作新篇章》的书面演讲，提出中国将主动对接《数字经济伙伴关系协定》，努力打破制约创新要素流动的壁垒，深化数字经济领域改革，促进数据依法有序自由流动。

（三）劳工权益保护

国际劳工组织于 1998 年通过的《关于工作中基本原则和权利宣言》，从结社自由及有效承认集体谈判权、消除强迫劳动、有效废除童工、消除就业与职业歧视四个方面界定劳工标准，并通过八项核心公约对上述四个方面进行了详细的规定。[①] 这八项

---

① 国际劳工组织. 国际劳工组织关于工作中基本原则和权利宣言 [EB/OL]. https：//www. ilo. org/wcmsp5/groups/public/---asia/---ro-bangkok/---ilo-beijing/documents/publication/wcms_ 158529. pdf.

公约是《强迫劳动公约》（1930 年）、《结社自由和保护组织权利公约》（1948 年）、《组织和集体谈判权利公约》（1949 年）、《同工同酬公约》（1951 年）、《废除强迫劳动公约》（1957 年）、《就业和职业歧视公约》（1958 年）、《最低就业年龄公约》（1973 年）和《最恶劣形式童工劳动公约》（1999 年）。

目前，我国已经批准了六项，还没有批准的两项是《结社自由和保护组织权利公约》（1948 年）、《组织和集体谈判权利公约》（1949 年）。《结社自由和保护组织权利公约》赋予所有工人和雇主无须经事先批准，建立和参加自己选择的组织的权利，并制定了一系列规定，确保这些组织在不受公共当局的干涉的情况下自由行使其职能；《组织和集体谈判权利公约》是为防止发生排斥工会的歧视、防止工人组织和雇主组织之间相互干涉提供保护，并对促进集体谈判做出了规定。

由于中国与发达国家国情不同，劳工权益保护更多地依靠政府力量，而不是劳资双方斗争。中国在 2018 年和 2020 年分别出台了《工资集体协商试行办法》和《保障农民工工资支付条例》。针对劳工纠纷问题，人力资源社会保障部办公厅 2019 年发布了《关于在全国推广使用"互联网+调解"服务平台的通知》，在全国推广使用劳动人事争议调解服务平台。针对生产中的安全问题和职业病问题，各部委也出台了一系列措施。应急管理部、公安部、最高人民法院、最高人民检察院于 2019 年联合印发了《安全生产行政执法与刑事司法衔接工作办法》，应急管理部、人力资源和社会保障部、教育部、财政部、国家煤矿安监局五部门联合出台了《关于高危行业领域安全技能提升行动计划的实施意见》，应急管理部出台了《安全生产责任保险事故预防技术服务规范》。

2023年10月23日，在同中华全国总工会新一届领导班子成员集体谈话时，习近平主席强调，要继续深化工会改革和建设，扩大工会组织覆盖面，创新工作方式，努力为职工群众提供精准、贴心的服务；工会干部要践行党的群众路线，及时了解职工所思所想所盼，不断增强服务职工本领，真心实意为职工说话办事。①

（四）监管一致性

近二十年来，中国按照世界贸易组织规则要求对国内相关法律和规章制度进行修订、删减，监管歧视有所减少。在"一带一路"倡议中，中国还突出强调了沿线国家监管一致性。例如，"一带一路"倡议提出，沿线国家宜加强信息互换、监管互认、执法互助的海关合作，以及检验检疫、认证认可、标准计量、统计信息等方面的双多边合作，推动世界贸易组织《贸易便利化协定》生效和实施；改善边境口岸通关设施条件，加快边境口岸"单一窗口"建设，降低通关成本，提升通关能力；加强供应链安全与便利化合作，推进跨境监管程序协调，推动检验检疫证书

---

① 习近平. 坚持党对工会的全面领导 组织动员亿万职工积极投身强国建设民族复兴伟业 [EB/OL]. https：//www. women. org. cn/art/2023/11/2/art_ 17_ 174305. html.

国际互联网核查，开展"经认证的经营者"（AEO）互认。在加强金融监管合作方面，中国还积极推动签署双边监管合作谅解备忘录，逐步在区域内建立高效监管协调机制；完善风险应对和危机处置制度安排，构建区域性金融风险预警系统，形成应对跨境风险和危机处置的交流合作机制；加强征信管理部门、征信机构和评级机构之间的跨境交流与合作。

在中国签署的其他国际贸易投资协定中，却较少提及监管一致性及相关问题，即使有类似条款，也大多局限于技术性贸易壁垒削减。在中国与韩国、澳大利亚、新西兰、冰岛等国签订的FTA协定中，关于良好监管实践的内容也基本局限于技术性贸易壁垒章节。中国在 2020 年底签署的 RCEP 以及 2021 年 1 月签署的中国—新西兰自由贸易协定（升级版）中，还没有包括相关的内容。在 2021 年 1 月发布但尚未生效的中欧全面投资协定（CAI）中，"国内监管"只是对许可程序进行了约定。①

此外，在经营活动中，我国企业可能受多个政府部门监管，各政府部门职责和工作范围不同，对企业监管目标也不尽相同，从而产生共同代理问题。② 同时，受部门利益影响，相关部门在某些领域还存在政策冲突，无法就每件事情都进行沟通或彼此不

---

① 相关协定的文本来源为：http：//fta. mofcom. gov. cn/rcep/rcep_ new. shtml；https：//www. mfat. govt. nz/en/trade/free-trade-agreements/free-trade-agreements-concluded-but-not-in-force/nz-china-free-trade-agreement-upgrade/resources/；https：//trade. ec. europa. eu/doclib/docs/2021/january/tradoc_ 159344. pdf。

② 共同代理理论（Common Agency Theory）的提出者是斯坦福大学的本海姆（Douglas Bernheim）和哈佛大学的温斯顿（Michael Whinston），他们提出这个模型的文章发表于 1986 年的世界顶级经济学期刊《计量经济学》。

愿意沟通，彼此之间存在一定程度的信息不对称。在这种情况下，政府监管部门越多，目标就越多，相互冲突的政策增加了制度成本，企业也会感到无所适从，结果目标完成的情况很糟糕。例如，当企业同时受到发展改革委、商务部、财政部等多部门监管，多个目标可能使它们疲于应对，一些企业还可能利用多个部门之间的信息不对称投机取巧。

自由贸易试验区和非自由贸易试验区政策差异本身也可能会扭曲资源配置，影响制度性开放成功经验推广。自由贸易试验区内先行先试的政策有可能与区域外国家行政法规不一致或相互冲突，政府监管不一致也可能降低自由贸易试验区政策执行效果，而且这种情况在开放度较低的内陆省份尤为突出。如果自由贸易试验区内因更加优惠的政策获益，不但会高估制度型开放收益，还有可能对非自由贸易试验区产生挤出效应，导致区外企业面临着融资约束和高层次人才短缺，进而抑制了区外企业自主创新能力提升和技术进步。在向自由贸易试验区推广成功经验和最佳案例的过程中，由于自由贸易试验区制度型开放试验效果与所拥有的生产联系密切相关，如果自由贸易试验区内与区外生产联系存在实质性差异，自由贸易试验区内制度型开放的成功经验在自由贸易试验区外有可能达不到预期的效果。

第五章

全面制度型开放的实施路径

本章是第二章至第四章所提出的制度型开放理论分析框架的运用。中国的制度型开放是一种"强制型+渐进式"制度变迁，这种制度型开放路径虽然具有强制型和渐进式制度变迁的优点，但也继承了其缺点。以自由贸易试验区为龙头的区域生产网络及其价值创造体系不但是商品要素流通、知识创新及其产品内分工的载体，而且还可以引发"诱致性+激进式"制度变迁。这两种制度变迁模式相互补充，共同推动我国向以高标准国际经贸规则为目标的高水平制度均衡迈进。

第一节　制度型开放的供求失衡调整

面临制度变迁失衡带来的高标准国际经贸规则执行难题，中国如何实现高水平的制度均衡呢？

一、制度变迁的供给困境

在信息不完全、无法准确预测高标准国际经贸规则实施效果的情况下，我国并没有像苏联那样实行激进式的制度变迁，而是通过有选择的试验，根据试验结果再做决策，这样就可以降低制度变迁的风险。与前面各类开放平台类似，自由贸易试验区是我国制度型开放的试验平台。我国自由贸易试验区的全称是自由贸易试验区（Pilot Free Trade Zone），与国际上通行的自由贸易区相比，共同之处是在主权国家或地区境内海关辟出的一个专门区域，该区域内贸易和投资可以享有比 WTO 相关规定更加优惠的安排，不同之处在于其"试验"功能。

自由贸易试验区是国家设立的制度型开放高地，承担改革开放排头兵、创新发展先行者的职责。2018 年 10 月，习近平总书记提出把自由贸易试验区建设成为新时代改革开放的新高地，强调面向未来，在深入总结评估的基础上，继续解放思想、积极探索，加强统筹谋划和改革创新，不断提高自由贸易试验区发展水平，形成更多可复制、可推广的制度创新成果，为实现"两个一百年"奋斗目标、实现中华民族伟大复兴的中国梦贡献更大力量。李克强总理指出，坚持新发展理念，更大力度地推动自由贸易试验区改革开放创新，着眼解决深层次矛盾和结构性问题，强化改革统筹谋划和系统集成，继续狠抓制度创新，加快形成发展和竞争新优势，积累更多可在更大范围乃至全国复制推广的经验，进一步发挥改革开放"排头兵"的示范引领作用。

从本质上说，自由贸易试验区引领的制度型开放是一种"强制型+渐进式"制度变迁方式。在路径上采取的是从局部改革逐渐向整体推进，即在自由贸易试验区里面探索新途径、积累新经验以后，将这些红利和经验效果向全国推广复制。对于那些需要国务院授权的跨部门试点创新，在总结评估后报请国务院批准以文件形式下发，对于那些不需要部门授权和国务院授权的良好实践和做法，以最佳实践案例的做法在网上发布和推荐。自由贸易试验区对高标准国际经贸规则的成功经验和最佳案例，可以通过教育和示范效应以及正的收入效应诱致非自由贸易试验区发生类似的制度变迁，从而降低制度型开放的执行成本。

但是，上述制度型开放路径存在着一系列问题。首先，由于自由贸易试验区并不是一个封闭的区域，区内贸易、投资、金融便利化改革措施以及政府监管方面改革措施，只是国家政策体系中的一部分，有可能会导致企业制度套利行为。其次，如前所述，自由贸易试验区和非自由贸易试验区政策差异本身也可能会扭曲资源配置，影响制度型开放成功经验的推广。再次，中央要求以法治化精神进行改革，但现有法律法规不能满足自由贸易试验区需要，法律体系本身就是被改革的对象。在契约摩擦程度较高和专用性投资比较复杂的情况下，法庭也没有相关知识和能力对专用性投资做出证实，或者证实真伪的成本太高而不可行的时候，法律并不是理想的贸易投资争端解决机制。最后，制度型开放是系统性的规则设计而非碎片化的政策开放，当前的制度型开放路径是小处着眼、大处开花、面上收获，仍然缺乏系统性设计。

由于中国与发达国家政治经济体制差异，某些高标准贸易投资规则执行可能会遇到一系列困难和障碍。如前所述，高标准国际经贸规则主要是为了规范全球生产网络下的交易行为。由于中国与发达国家政治经济体制和国情差异，劳工权益保护、竞争中性与国有企业、争端解决机制、数字经济等领域对标难度相对较大。其中，"竞争中性"规则规定国有企业不能享受财政补贴、隐性担保等非商业援助，这个条款在执行中可能困难重重。在数字经济领域，中国和发达国家分歧体现在数据自由流动优先还是国家主权优先，但信息无国界流动不但使知识和信息密集生产环节安全问题更加突出，也增加了行使国家主权的难度。此外，高标准国际经贸规则执行也可能受到官本位思想、知识产权保护意识、法律执行状况、信用和信任水平等因素影响。如果自由贸易试验区沿袭政策性开放的做法，机械地对标国际高标准经贸规则，就可能导致部分高标准国际经贸规则无法执行。

二、制度变迁的突破路径

正如马克思在《政治经济学批判》序言中所述："随着经济基础的变更，全部庞大的上层建筑也或慢或快地发生变革。"如前文所述，制度型开放所对标的高标准国际经贸规则是全球生产网络治理和国际生产联系制度协调的产物，旨在建立以政府为主导、其他利益相关方参与的全球生产网络治理机制，为全球生产网络各参与者创造出开放、公平、可预期的营商环境。

在新一轮国际经济规则重塑中，发达国家所倡导的高标准国际经贸规则，大多数是"边境后"开放政策，主要是为了规范全球生产网络下的国际经济交易行为，形成高标准国际经贸规则与高附加值环节相匹配的高水平制度均衡。与发达国家相比，当前我国所处生产阶段与所需制度环境匹配使其处于一种低水平均衡状态。内陆经济转型升级、国家区域协调发展和全球价值链地位提升迫切需要我国从生产阶段与所需制度环境低水平匹配向高水平匹配转变。

在制度供给方面，中国正在积极对标高标准国际经贸规则。但在制度需求方面，在全球生产网络下，两头在外限制了我国现代服务业和先进制造业发展空间，"环节对链条"的国际分工参与模式使我国在全球价值链上被低端锁定，中国企业从国外采购模块化的技术和机器设备进行生产加工，它们大多充当了低层级供应商角色，对那些高附加值生产环节相匹配的高标准国际经贸规则需求较弱。

忽视全球生产网络组织特征和社会属性是制度变迁供给困境的重要原因之一。由于全球生产网络具有较强的社会属性，治理机制和权力主体呈现出多元化特征，如果政府以处理政府与市场关系的方法来协调政府与网络之间的关系，各权力主体之间可能会产生利益冲突，而且政府不当干预有可能会扭曲资源配置，政策执行也会面临较高的契约摩擦。在自由贸易试验区内与区外生产体系分割或松散联系的情况下，它们之间互补性分工合作程度低，难以形成利益共同体，彼此之间缺少规则协调的需求，这是自由贸易试验区内成功经验在区外推广无法达到预期效果的一个重要原因。

高标准国际经贸规则有效执行需要创造出制度变迁需求。以自由贸易试验区为引领的制度型开放本质上是一种制度变迁。高标准国际经贸规则是制度变迁供给的主要内容，在缺少制度变迁需求的情况下，制度变迁供求失衡可能会带来执行障碍和资源错配。以自由贸易试验区为引领的制度型开放，不但需要对标高标准国际经贸规则，还应通过区域生产网络和价值体系创造出制度变迁需求。

三、制度变迁的需求创造

制度变迁是一种效益更高的制度对另一种效益低的制度的替代过程。从某种程度上说，人们对制度变迁的需求就是对效益更高的新制度的需求，区域生产网络下更高价值创造也将诱使企业自觉地遵守高标准国际经贸规则。当前，河南省自由贸易试验区制度环境与所采用的生产方式之间不匹配。中国向高标准国际经贸规则变迁的突破路径是重塑生产关系，尤其是全球生产网络下高附加值环节相关的生产关系。

为了创造出制度变迁需求，河南省自由贸易试验区需要进一步完善区域生产网络及其价值创造体系。区域生产网络及其价值创造体系是制度型开放的经济基础，既提供了商品要素流通型开放、知识创新型开放的载体，也创造出制度变迁需求，有利于形成以自由贸易试验区为引领的全面制度型开放。例如，资产专用性投资保护、不完全契约执行、数字经济安全、供应链效率提升、和谐劳资关系构建、行政特别权滥用、贸易投资争端等方面问题的解决，就产生了对高标准国际经贸规则的需求。

具体来说，我国应着力构建以自由贸易试验区为核心的区域价值创造体系。自由贸易试验区大多是体制机制灵活，具有平台、功能、产业和渠道优势，符合区域协调发展格局和全面开放格局战略部署，改革创新能力强，开放发展优势明显，区域辐射带动作用明显，区位优势突出，产业特色鲜明。大多数自由贸易试验区基本上容纳了当地省份的行业龙头企业以及入选国家"专精特新"目录的企业，它们有望成为以自由贸易试验区为引领的区域生产网络和区域价值创造体系的组织者，以及制度型开放的践行者。当然，自由贸易试验区还应加强"互联网+工业软件"应用，通过信息系统重构和数字技术运用推动区域价值创造体系流程再造和单点优化。

在以自由贸易试验区为核心的区域价值网络下，自由贸易试验区内和区外企业在互补性分工合作中建立了复杂的生产联系，由此形成的结构性权力成为促进高标准国际贸易规则执行的另一种力量。区域生产联系可以使区域生产网络内企业之间的相互依赖呈现出较强敏感性，区域内企业所采用的规则变化和调整将引起区外企业的连锁反应。由于区内和区外企业相互依赖呈现出非对称性，区内龙头企业或"专精特新"企业的技术、品牌和数字枢纽优势往往成为一种权力来源。国际生产联系使区内龙头企业或"专精特新"企业成为高标准国际经贸规则受益者，它们可以利用相互依赖中所获得的权力来促进这些规则执行。

在以自由贸易试验区为核心的区域价值网络下，不同生产阶段之间及其消费者与生产者之间连锁效应有利于促进高标准国际经贸规则在区域内实施和推广。在区域生产网络下，不同产业之间的投入产出关系使它们之间相互联系和相互制约，这种相互影响既可能发生在一个产业同以它的产出为投入的下游产业之间，也可能发生在向它提供投入品的上游产业之间。前者称为前向联系，后者则称为后向联系。基于区域价值网络及其生产联系，自由贸易试验区内高标准国际经贸规则的实施将影响和制约区内和区外以该项规则为基础和依托的其他规则，同时也对该项规则实施所依赖的其他规则安排产生拉动或抑制作用。

总之，自由贸易试验区制度型开放经验的复制和推广只是制度变迁的供给，区域价值网络构建产生了制度变迁需求，二者结合才能有效地推进以自由贸易试验区为引领的全面制度型开放。合乎全球生产网络运行规律的区域生产网络，既是包括制度型开放、商品要素流通型开放、知识创新型开放在内的更高水平开放型经济新体系的重要依托，也是促进高标准国际经贸规则执行的重要力量。此外，区域价值网络构建，以及自由贸易试验区内与区外政府部门联合监管，也有利于减少制度套利行为。

第二节　制度型开放的供求互促机制

高标准国际经贸规则是制度变迁供给，区域价值网络构建产生了制度变迁需求。制度型开放与区域价值网络互促共进，推动我国向高水平制度均衡迈进。

一、制度型开放为高附加值生产环节发展创造有利条件

在全球生产网络下，生产环节与所需要制度环境匹配使不同国家和企业获得了不同的优势。一般来说，全球价值链可以被划分为研发设计、生产加工和品牌营销三个环节。其中，上游技术研发以及下游品牌营销是控制力和附加值都相对较高的环节，但也是创新和创意能力密集的环节，其资产专用性较强、契约摩擦较多，制度依赖程度相对较高。全球生产网络的制度依赖性产生了两个结果：从宏观角度来看，不同国家或地区的制度环境可能不同，不同生产阶段对制度要求也有所差异，在制度环境与全球

141

生产链匹配过程中，不同国家在不同生产环节呈现出不同的比较优势；从微观角度来看，那些拥有自主性技术、知识产权、知名品牌或营销渠道的企业，也往往成为全球生产网络的领导厂商和高层级供应商，它们不但对全球生产链具有较强的控制力，而且获得了较高的收益分配份额。

就中国而言，高附加值环节发展受到一系列因素制约。生产力和生产关系是对立又统一的关系，生产力发展状况决定生产关系性质，生产关系对生产力发展具有反作用。与生产力发展要求相适应的生产关系能够促进生产力发展，反之则阻碍生产力发展。在国内，财政分权、国有企业隐性补贴、区域产业同构、行政力量限制等因素扭曲了资源配置，导致了市场分割、收入差距过大、消费不足和供需结构错位。上述体制障碍削弱了国家创新能力，进而影响了我国在全球价值链上的地位。

价值链攀升迫切需要我国在扩大商品要素流动型开放的同时，积极推动制度型开放。对于中国来说，核心技术研发和知名品牌培育的重要前提之一是营造这些高附加值环节相匹配的制度环境。制度型开放着眼于国际生产关系调整，吸收借鉴国际成熟市场经济制度经验和人类文明有益成果，旨在促进贸易和投资便利化、法治化、标准化。与商品要素流动型开放不同，制度型开放是"边境"开放向"边境内"开放拓展、延伸和深化，更多地反映了国际生产方式变革制度需求，其内容不但包括知识产权保护和企业社会责任等相关规定，而且在政府管理模式创新、国有企业治理改革、监管协调以及数字经济、行业标准等方面直接触及到国内体制障碍。

制度型开放可以通过政府管理模式创新和国际良好监管实践推行，为高附加值环节发展和国际经济合作创造有利的条件。具体来说，制度型开放对我国价值链地位提升的促进作用主要体现在以下几个方面：

"准入前国民待遇+负面清单"条款有利于推动政府管理模式创新。"准入前国民待遇+负面清单"要求在负面清单之外的领域，将国民待遇从传统的投资准入后进一步延伸至投资设立和扩大等准入前阶段。这一政府管理模式可以更好地发挥市场在配置资源和调节供需中的基础性作用，使民营企业获得更多的行业准入机会，缓解行政垄断部门对非行政垄断部门的挤出效应，降低产品和服务垄断对消费需求的不利影响。此外，"准入前国民待遇+负面清单"管理模式还是一种规范现在、保护未来的管理模式，有利于促进新兴产业和未来产业发展。

"竞争中性"条款将促使国有企业进一步完善公司治理结构。竞争中性倡导消除国有企业在资源配置方面的扭曲作用，通过公平竞争配置资源，增强所有市场参与者的竞争力。根据"竞争中性"条款，政府应运用市场化手段管理企业，以股东身份承担责任和分享权益；除了公益性行业、关系国家安全和国民经济命脉的关键领域以外，其他领域不但允许非国有资本自由进入，与国有企业开展公平竞争，而且政府也要做到监管中立，在投资设厂

（土地资源获取等）、经营开发（研发补贴等）、税收（税收优惠）、信贷（政府担保）等各个环节的信息都要公开透明，接受社会监督。竞争中性规则有利于促进国有企业混合所有制改革，增强国有企业市场化操作和创新激励，减少国有企业参与全球生产网络的政治障碍。

"监管一致性"条款有利于降低国内价值链的组织成本。监管一致性的目标是加强监管合作，推行良好监管实践，从而确保在区域或国际市场上的商业主体享有开放、公平、可预期的监管环境。虽然 2022 年版《中华人民共和国反垄断法》在 2008 年版本基础上，对"滥用行政权力排除、限制竞争"行为做了进一步规定，增加了"通过与经营者签订合作协议、备忘录等方式"排除、限制竞争这一条款，但行政垄断查处主要依靠涉案人员和单位的配合和约谈制度，国务院反垄断执法机构如何执行还没有详细的规定。作为国内行政垄断查处机制的补充，监管一致性通过在国内推行良好监管实践，协助国务院反垄断执法机构打破财政分权和晋升博弈引起的地方保护主义，纠正各地区政策差异和契约摩擦引致的要素配置扭曲，促进国内统一大市场建设，从而为各地区基于比较优势的产业链分工合作营造良好的制度环境，走出重复建设、产业趋同、产品雷同、同质低价竞争误区。

合作和能力建设相关条款有助于提升区域价值网络参与能力。一般来说，由不同经济发展水平经济体参加的区域经济合作组织往往比较重视合作和发展能力建设，要求在贸易和投资便利化基础上进一步推进商务便利化，降低中小企业国际化经营障碍。例如，《全面进步的跨太平洋伙伴关系协议》（CPTPP）和《欧盟—加拿大全面伙伴关系协议》（CETA）都明确阐述了在共同关心领域开展合作和能力建设的具体安排，尤其是CPTPP对合作和发展的规定更加全面，合作水平更高，提出设置由成员国政府代表组成的发展委员会以及合作与能力建设委员会，并且就合作与能力建设途径给出了指导性意见。合作和能力建设相关条款的实施，有利于促进区域内要素条件、需求条件、相关产业与辅助产业等竞争优势决定因素整合，提升区域价值网的国际竞争优势。

与跨国公司不同，全球生产网络具有较强的社会属性。在环保和劳工组织推动下，社会责任条款也成为国际经济协议的一个重要条款。社会责任条款不但可以促进区域价值网络与社会和谐发展，而且是促使区域价值网提升价值创造能力的推动力量。环境保护条款可以促使地方政府转变经济增长方式，通过数字化、低碳化重塑产业链，基于比较优势进行分工合作，迫使企业进行工艺升级、产品升级、功能升级或跨产业升级。劳工条款将工人权益保障置于国际监督之下，这将促使地方政府改革与人才流动相配套的户籍、教育、人事、住房、医疗和养老制度，减缓人力资本配置扭曲引致的效率损失。

二、区域价值创造模式重塑进一步扩大制度型开放效果

如上所述，制度型开放有助于破除长期以来制约经济发展的

制度障碍。制度基础设施与物质基础设施的有机结合不但孕育出肥沃的产业公地，推动了公平有序的分工合作，促进了数据自由安全地流动，还重塑了区域价值创造模式。在微观层面，领导厂商、高层级供应商和低层级供应商之间形成了竞争有序或者合作大于竞争的分工组织结构。在中观层面，区域价值网络使我国的国际分工参与模式从"环节对链条"转变为"链条（网络）对链条（网络）"，将俘获型网络扭转为均衡型网络，为我国高附加值环节争取更多的发展空间。在宏观层面，区域价值网络下公平、高效、有序的分工合作，在推动基础产业高级化、产业链现代化的同时，也为新兴产业和未来产业发展创造良好的环境。

区域价值创造模式转变进一步扩大了制度型开放效果。在上述国际分工参与模式下，区域价值创造不再依赖廉价生产要素和优惠政策，而是依赖对制度依赖性较强的研发、品牌和价值网络组织能力，国际竞争优势从传统的要素成本优势转向制度比较优势，预期收益增加将诱使微观主体主动遵守这些新的规则。此外，在区域价值创造网络下，自由贸易试验区不但是高标准国际经贸规则的接受者，而且通过区域生产联系将高标准国际经贸规则溢出到自由贸易试验区外，进而推动以自由贸易试验区为引领的全面制度型开放。

第六章

河南省全面制度型开放的政策建议

本章是第五章的延伸和具体化，以河南省制度型开放为例，分别从区域生产网络构建和高标准国际经贸规则两个方面提出了全面制度型开放应注意的问题及其主要措施。

第一节 区域价值网络构建的主要措施

根据全球生产网络及其价值创造体系运行规律，结合《河南省国民经济和社会发展第十四个五年规划和二〇三五年远景目标纲要》① 和《河南省"十四五"战略性新兴产业和未来产业发展规划》②，河南省应从以下方面建设区域价值网络③。

一、重新认识先进制造业

河南省"十四五"规划提出，实施产业基础再造和产业链现代化提升工程、战略性新兴产业跨越发展工程，拓展数字赋能和智能制造覆盖面，开展先进制造业和现代服务业融合试点，完善高能级产业载体体系，争创国家制造业高质量发展试验区，建设先进制造业强省、现代服务业强省、质量强省和数字河南。

在区域价值网络下，先进制造不仅是产品先进，而且在产品设计、制造和使用过程中使用了先进材料、先进工艺或先进技术。先进制造业不仅包括传统意义上的航空航天、新材料、生物制药、机床、机械、医疗设备，以及计算机和通信设备等具有战略意义、事关国防安全和技术先进的产业，还包括一些传统行业。例如，布鲁金斯学会对先进产业的规定主要考虑如下因素：经济衰退后的就业复苏程度，对美国经济活动的影响（附加值和国内生产总值），在工程师数量较多的职业中的就业份额，对私营部门研发、专利和出口的贡献等。这些先进产业从大类上说包

---

① 河南省人民政府. 河南省国民经济和社会发展第十四个五年规划和二〇三五年远景目标纲要［EB/OL］. https：//www.henan.gov.cn/2021/04-13/2124914.html.
② 河南省人民政府. 河南省"十四五"战略性新兴产业和未来产业发展规划［EB/OL］. https：//www.henan.gov.cn/2022/01-24/2387551.html.
③ 本节写作受到机械工业信息研究院陈琛研究员在中国社会科学院世界经济与政治研究所的演讲《新时代先进制造业的发展现状及趋势》启发，在此表示感谢。

括制造业、能源产业和服务业，在每大类中（尤其是制造业），基本上都有一些传统行业，如表6-1所示。

表6-1　布鲁金斯学会认定的先进制造业

北美工业协会代码（NAICS）	类别	行业名称
3241	制造业	石油和煤炭产品
3251	制造业	基础化学品
3252	制造业	树脂和合成橡胶、纤维和长丝
3253	制造业	农药、化肥和其他农业、化学药品
3254	制造业	制药和医药
3259	制造业	其他化工产品
3271	制造业	黏土制品
3279	制造业	其他非金属矿物产品
3311	制造业	铁、钢和铁合金
3313	制造业	铝生产加工
3315	制造业	铸造
3331	制造业	农业、建筑和采矿机械
3332	制造业	工业机械
3333	制造业	商业和服务业机械
3336	制造业	发动机、涡轮机和动力传输设备
3339	制造业	其他通用机械
3341	制造业	计算机和外围设备
3342	制造业	通信设备
3343	制造业	音频和视频设备
3344	制造业	半导体和其他电子元件
3345	制造业	导航、测量和控制仪器
3346	制造业	磁性和光学介质
3351	制造业	电气照明设备
3352	制造业	家用电器
3353	制造业	电气设备

续表

北美工业协会代码（NAICS）	类别	行业名称
3359	制造业	其他电气设备和组件
3361	制造业	汽车
3362	制造业	车身和拖车
3363	制造业	汽车零部件
3364	制造业	航空航天产品和零件
3365	制造业	铁路机车车辆
3366	制造业	船舶和造船
3369	制造业	其他运输设备
3391	制造业	医疗设备和用品
3399	制造业	其他杂项
2111	能源产业	石油和天然气开采
2122	能源产业	金属矿石开采
2211	能源产业	发电、输电和配电
5112	服务业	软件发行商
5152	服务业	有线电视和其他订阅节目
5172	服务业	无线通信运营商
5179	服务业	其他电信
5174	服务业	卫星通信
5182	服务业	数据处理和托管
5191	服务业	其他信息
5413	服务业	建筑与工程
5415	服务业	计算机系统设计
5416	服务业	管理、科学和技术咨询
5417	服务业	科学研究与开发
6215	服务业	医学和诊断实验室

资料来源：Muro M, Rothwell J, Andes S, et al. America's advanced industries：What they are, where they are, and why they matter［M］. Brookings, 2015, https：//www. brookings. edu/articles/a-mericas-advanced-industries-what-they-are-where-they-are-and-why-they-matter/.

　　由于每个国家或地区社会经济发展状况不同，它们基本上根据各自情况确定先进产业。在美国、英国、加拿大等发达国家，食品、家居、纺织等看起来产品自身技术含量不高的产业也被列入到先进制造业。甚至在一些发达国家，由于宠物食品在价值创造过程中对工艺、设备、分销渠道、研发甚至一些基础科学要求也是非常高的，也被列入了先进制造业。

　　以美国新泽西州为例，先进制造业包括食品制造、化工制造、机械制造、金属制品制造、计算机和电子产品制造五个主要组成部分。其中，食品制造又进一步划分为宠物食品、面包、乳制品、水果和蔬菜的加工与储存、海鲜产品的加工和包装等；化工制造涉及基础化学品、制药和医药、清洁剂和化妆品，以及油漆、涂层和黏合剂等；机械制造又进一步细分为工业机械、暖通空调和商用制冷设备、商业和服务业机械、汽轮机和动力传输设备等；金属制品制造主要包括建筑和结构金属、机械加工和螺纹制品、锻造和冲压、金属涂层、雕刻和热处理等；计算机和电子产品制造主要包括计算机和外围设备、通信设备、音频和视频设备、半导体和其他电子元器件等。

　　对于河南省来说，应从互补性分工合作、生产联系中改进价值创造体系，推动产业自身发展。例如，河南省是个农业大省，驻马店和漯河等市在农产品加工和食品生产领域具有明显的优势，拥有全国最大的肉类食品、速冻食品、方便面、饼干、调味品、苹果、花生和大豆休闲食品、大枣生产加工基地。在食品产业价值创造中，河南省相关企业可以运用高端工业软件针对客户口味进行食品设计，通过超算模拟食品生产过程并实施质量控制，同样可以创造出高附加值。再如，即使在中低端钻石领域，河南黄河旋风、郑州华晶等企业也可以凭借磨料磨具、超硬材料及制品工业加工工艺控制全球超硬材料的命脉。

二、培育肥沃的产业公地

与区域生产网络类似，产业公地培育同样需要各个参与者互补性分工合作。其中，政府是创新环境的提供者，通过资金投入、财税政策、基础设施建设等营造整体发展环境；高校及科研机构是创新技术引擎，通过多学科、跨领域的技术基础研究，为创新提供源头；应用研究机构对接科研机构与企业，是创新成果转化加速器；企业是创新技术产业化的主力军；服务机构为创新技术研发、应用研究及商业化提供咨询、协调、评估等服务，也是供应链创新重要力量。①

河南省在产业公地培育方面也出台了相关政策。2022年，河南省政府在"十四五"规划中提出形成10个万亿级产业和10个千亿级新兴产业集群，新型基础设施建设走在全国前列；引进培育重大科技创新平台，强化要素集聚、资源共享、载体联动，以郑洛新国家自主创新示范区为主载体、郑开科创走廊为先导、高

---

① 本节写作受到机械工业信息研究院陈琛研究员在中国社会科学院世界经济与政治研究所的演讲《新时代先进制造业的发展现状及趋势》启发，在此表示感谢。

新区为节点，建设沿黄科技创新带，努力形成国家区域科技创新中心；强化企业创新主体地位，推进产学研深度融合，支持企业牵头组建创新联合体、行业研究院、共性技术平台，承担国家和省重大科技项目、创新能力建设专项、关键核心技术攻关专项；打造以国家级战略平台和高端产业创新平台为龙头、产业集聚区和服务业"两区"为支撑的高能级产业载体体系；加大企业研发后补助等财政奖补力度，全面落实高新技术企业所得税优惠、研发费用加计扣除、创新产品政府优先采购等普惠性政策，推动科技创新券政策省辖市全覆盖，引导企业加大研发投入。河南省发展改革委也公布了首批郑州经济技术开发区高端装备产业集群等15个战略性新兴产业集群。①

虽然河南省的上述规划基本上涉及产业公地培育的各个方面，但需要注意的是，在不同研发阶段，知识中间品公共产品属性和市场不完全程度不同，区域价值创造体系下产业链和创新链融合发展机制也有所差异。作为产业链和创新链融合发展的重要载体，创新平台参与主体和合作内容也有所差异。具体来说表现在以下方面：

原始性创新平台。在创新链上，由于理论突破和颠覆性技术

---

① 这15个战略性新兴产业集群是郑州经济技术开发区新能源及智能网联汽车产业集群、郑州经济技术开发区高端装备产业集群、洛阳市智能制造装备产业集群、平顶山市智能制造装备产业集群、鹤壁市电子核心产业（电子电器）集群、南阳市光电信息产业集群、新乡市生物医药产业集群、南阳市生物医药产业集群、商丘高新区生物医药产业集群、周口市生物降解材料产业集群、焦作市锂离子电池新材料产业集群、濮阳市新型功能材料产业集群、许昌市硅碳新材料产业集群、三门峡市金属新材料产业集群、济源市纳米新材料产业集群。

开发不确定性很高,这一阶段产业链和创新链融合的主要机制是搭建相对松散的原始性创新平台,把工业界的问题和世界级难题、学术界的思想、风险资本的信念整合起来,实现能力共享和成果分享。具体来说,在类脑智能、量子信息、基因技术、未来网络、深海空天开发、氢能与储能等前沿领域,产业链龙头企业基于技术投资信念,政府基于对知识公共产品的支持,向国际一流大学和科研机构提供经费支持,共同推动理论突破和基础技术发明,让基础研究的灯塔在照亮世界的同时,也为产业链未来发展指明方向。

关键共性技术平台。共性技术平台是由政府和各类产学研主体及服务产业企业的管理服务机构协同共建,旨在解决跨行业、跨领域的关键共性技术问题或者促进新的科学理念、方法和标准统一。共性技术平台运作可以参考日本的技术研究组合模式。技术研究组合实质上是会员制创新联合体,非公益法人,其经费来源主要是会员费、社会资助和政府补贴,目标是迅速突破周期长、风险大或者研发投入规模大的某一新技术或新技术群。

根据服务对象或目的不同,共性技术平台可以进一步划分为国家战略性共性技术平台,区域、产业共性技术平台。针对当前产业链上基础材料、核心零部件、重大装备、先进科学仪器和检验检测设备、工业软件等方面的短板和痛点,尤其是事关产业链安全和"卡脖子"的技术,共性技术平台可以在充分吸收原始性创新平台科学思想和技术发明基础上,组建适应不同需求的技术研究小组，集中各家企业优势，联合攻关，并转化为产品占领国际市场。

供应链创新联合体。与共性技术平台不同的是，供应链创新联合体主要通过各生产环节之间的产业关联效应促进链条升级。在通过共性技术平台获得关键核心技术以后，产业链龙头企业或高层级供应商可以运用供应链研发、供应链金融和区块链技术，带动上下游产业原有技术结构变化，在产业链重要节点形成一批"专精特新"的"隐形冠军"。此外，产业链也可以为新技术的应用和升级提供需求侧支持。例如，对于大数据、人工智能等已进入产业化阶段的战略性新兴产业的关键技术，新型基础设施建设反过来进一步促进了相关技术的推广和升级；对于量子信息、基因技术、脑科学、空天科技、深地深海等尚未产业化的前沿科学技术，产业链上需求侧支持是企业进一步扩大研发投资的重要保障。

需要注意的是，政府应确保产业公地产生正外部性和避免"公共地悲剧"。由于产业共性技术的高风险性，单个企业可能无法承受研发失败损失，产业公地可能面临着共性技术研发"组织失灵"。与此同时，由于共性技术具有开放性、外部性和准公共物品性质，有的企业可能会出现"搭便车"行为，产业公地也会面临着"市场失灵"。政府财政补贴和税收优惠是纠正市场失灵和组织失灵的途径之一，资质评选过程应公开、公正、透明，避免歧视性待遇和信息不对称扭曲资源配置，甚至对真正研发企业产生挤出效应。

三、激活价值网络的织网者

从产业集群到敏捷生产协作网络的转变，领导厂商发挥着"织网"作用。从全球角度来看，什么样的企业可以充当区域价值网的领导厂商呢？全球（国内）生产网络下领导厂商本身拥有核心技术、品牌或营销渠道，占据价值网络枢纽环节，可以深度操控供应链、技术、资金、人力等资源，而且掌握织网的"工具（知识）"，它们是理想的区域价值网络的织网者。

然而，对于河南省这样缺少全球（或国内）领导厂商的省份，哪些企业可以充当潜在的织网者呢？河南省内行业领军企业或制造业单项冠军企业有望成为潜在的领导厂商。河南省"十四五"规划提出，实施制造业"头雁"企业培育计划，支持大企业做强做优和兼并重组，形成60家以上国内一流的百亿级行业领军企业；建立头部企业和引领型企业培育引进库，强化对重点企业、重点环节的数字化管理能力，培育一批"链主"企业和生态主导型企业，构建线上线下相结合的大中小企业创新协同、产能共享、产业链供应链互通的新型产业生态。此外，虽然"专精特新"企业还没有像区域或全球领导厂商那样可以控制整个价值创造体系，但它们精于制造、强于技术、善于借鉴，在国内外细分技术和市场中处于关键枢纽地位，那些具有较强工程和管理能力的单项冠军有可能逐渐升级为高层级供应商，进而成为区域或全球领导厂商。

"专精特新"企业是区域价值网络保持创新活力的重要支柱。"专精特新"被定义为专业化、精细化、特色化、新颖化，即要求主营业务专注专业，经营管理精细高效，产品服务独具特色，创新能力成果显著。2016 年工业和信息化部印发的《促进中小企业发展规划（2016—2020 年）》提出"专精特新"中小企业培育工程，鼓励专业化发展、鼓励精细化发展、支持特色化发展、支持新颖化发展。河南省"十四五"规划提出，在细分领域培育一批"专精特新"小巨人、单项冠军、隐形冠军和"瞪羚企业"① 等。"十四五"期间，河南省计划每年培育创新型中小企业 1 万家、认定省级"专精特新"中小企业 1000 家、新增国家级专精特新"小巨人"企业 100 家。河南省已培育国家级专精特新"小巨人"企业 207 家，省级"专精特新"中小企业 1028 家，成功创建了 30 个"单项冠军"。上述"专精特新"企业具备专业化生产、服务和协作配套能力，能够按照消费者客制化需求为大企业、大项目和产业链提供优质零部件、元器件、配套产品和配套服务，它们是区域价值网络建设的重要支柱。

在具备领导厂商和"专精特新"供应商情况下，如何组织区

---

① 瞪羚是一种善于跳跃和奔跑的羚羊，人们称呼高成长型企业为"瞪羚企业"，因为它们具有与瞪羚共同的特征——个头不大、跑得快、跳得高。"瞪羚企业"是指创业后跨过死亡谷以科技创新或商业模式创新为支撑进入高成长期的中小企业。认定范围主要是产业领域符合国家和省战略性新兴产业发展方向，涵盖新兴工业、新一代信息技术、生物健康、人工智能、金融科技、节能环保、消费升级等领域。按照硅谷的解释，"瞪羚企业"就是高成长型企业，这些企业不仅年增长速度能轻易超越一倍、十倍、百倍、千倍，还能迅速实现 IPO。一个地区的"瞪羚企业"数量越多，表明这一地区的创新活力越强，发展速度越快。

域价值网络呢？首先，区域价值网络组建需要跨学科专业人才和工程管理能力。在大家印象中，苹果是一个产品设计企业或者软件企业，事实上它有很强的专业制造知识。苹果公司对于零部件的采购需求特别细致，掌握的知识非常深厚，对于零部件工艺和原材料的理解，甚至达到了零部件企业资深工程师的水平。苹果在全球有那么高的附加值，并不是依靠发达国家的政策先发优势，虽然它采用 OEM 制造，但它掌握制造知识，对于富士康这样的企业能够提出精准要求，对产业链有很强的控制力。其次，对供应商的激励和机会主义防范是组织区域价值网络要考虑的重要因素。一般来说，那些重要而且契约摩擦程度高的生产环节选择一体化，而重要程度低而且契约摩擦程度高的生产环节外包。

河南省还应重视行业协会商会在区域价值网络构建中的作用。一般来说，具体的行业协会往往专注于某一个行业，既了解微观企业情况，又熟悉行业发展状况、运作规律、面临的挑战以及潜在的机会，行业内与行业间的信息交流也为区域生产网络构建创造了有利条件。特别是大多数行业协会和商会会长单位都是行业的领军企业，理事长和部分理事也具备丰富的企业管理经验。作为专业特质型、行业管理型、公众威望型人才，他们往往具备较好的经济管理能力，对行业的战略发展有独特见解。相对于其他利益相关者，行业协会商会具有专业、信息、人才、机制等市场资源配置方面的优势，能做企业想要做但靠单个企业做不到的事，能做市场需要做却又无人牵头去做的事，能做政府想要做却无精力去做的事。

四、实施数字中枢战略

在区域价值创造体系下，价值流与知识流和信息流紧密地联系在一起。随着互联网和数字化技术在产业链上的应用，数据成为一种重要的生产要素，算力、算法和大数据构成了三大基础支柱，催生了新的生产方式。模块化生产技术推动了生产链流程再造，线上定制、远程设计、协同制造、电子商务等不但推动制造能力平台化，也促使消费趋势和营销渠道多元化。与此同时，产业链上从客户需求到研发、设计、制造、采购、供应、库存、售后服务、运维等相关的大数据也成为数字经济的重要来源，不但刺激了产业链各参与主体技术创新，也为应用场景创新推广中心、解决方案推广平台、新业态培育中心等新业态发展奠定了基础。

对于领导厂商来说，数字中枢建设是它们组织区域价值网络的技术保障。区域价值网络的组织者应建立健全数字中枢战略，运用自己的知识去连接、用自己的数据去贯穿价值创造体系，推动信息流和知识流进行系统重构、流程再造和单点优化，通过开放的供应链模式和供应商选择标准，与每家企业、每一个工艺对接，与相关企业共同开发、生产，实时了解 OEM 企业加工过程和设备数据。这就相当于运用一个大的 ERP 控制生产的质量和节奏，去撬动更多的产业资源，去创造更高的价值。

河南省"十四五"规划提出,坚持数字产业化和产业数字化,促进数字经济和实体经济深度融合,催生新产业新业态新模式,打造具有竞争力的数字产业集群,建设数字经济新高地;实施"5G+工业互联网"工程,加强工业互联网平台引育,争取工业互联网企业分类分级试点,创建国家工业互联网应用创新推广中心;加强数字社会建设,深入推进数字技术在城市治理、乡村振兴、生活服务等方面的广泛应用,实现数字化发展成果更高水平更大范围普惠共享;加快数字政府建设,推进政府管理服务数字化转型,强化数据驱动和整体协同,营造数字化发展生态,促进政府效能提升和数据资源价值实现。

河南省新型基础设施布局和规划为数字中枢战略实施提供了有利条件。河南省"十四五"规划提出,加快建设信息基础设施、融合基础设施、创新基础设施等新型基础设施,增强对数字转型、智能升级、融合创新的支撑能力;提升郑州国家级互联网骨干直联点功能,推动郑州、开封、洛阳国际互联网数据专用通道扩容提速,推进基础电信运营商骨干网络大区节点和中心建设;统筹布局云计算大数据中心,探索跨区域共建共享模式,引导数据中心向规模化、绿色化、智能化、国产化方向发展,积极引进建设基础电信运营商、大型互联网企业区域性数据中心。

但是,数字中枢战略在提高区域价值创造体系效率的同时,也面临着一系列问题。传统的地理边界失效,虚拟与现实空间复杂互动,国际贸易投资议题属性也更加复杂,涉及社会、经济、技术、安全等各个方面。在区域价值创造体系下，领导厂商数字技术应用和开发能力影响和制约着数字中枢战略实施效果，数字流动规则不统一可能成为领导厂商与供应商协同研发和生产的障碍；数字和数据安全、数据隐私、消费者保护等方面问题涌现出来，无界的数字流动也可能带来知识产权泄露和国家安全难题。

五、构建和谐的劳资关系

在区域价值创造体系下，劳资双方是一种互补而非对立关系。这种关系在企业内是资本与劳动力关系，在产品市场上是消费者与厂商关系。企业内人力资本是创新最活跃的因素，工人不但是产品生产者和服务提供者，也是企业内信息系统优化和流程再造的重要参与者，一线工作经验有利于改进和完善智能制造所依赖的工业软件。作为消费者，他们的需求与参与也成为创新和价值创造的动力。

在区域价值创造体系下，无论是郑州片区重点发展的智能终端、高端装备及汽车制造、生物医药等先进制造业，还是洛阳片区重点发展的装备制造、机器人、新材料等高端制造业，都离不开高端人才，尤其是创新型人才。特别是"专精特新"技术开发，研发、设计、品牌营销以及售后服务等环节是高附加值生产环节，也是人力资本高度密集的生产环节，需要企业进行资产专用性投资，更需要工人专业化知识和技能投入。因此，区域价值体系构建需要维持和谐劳资关系，减少官僚作风，使其真正成为维护劳工权益的组织，其职能不应局限于娱乐和节日慰问，更需要重视劳工合理需求表达和劳工权益保护，这既是在培育一个充满活力的消费群体，也是企业提高生产效率、创新性解决问题、促进技术创新的重要途径。

第二节　对标高标准国际经贸规则的主要措施

根据发达国家或地区倡导的高标准国际经贸规则内容，结合《河南省国民经济和社会发展第十四个五年规划和二〇三五年远景目标纲要》和《河南省"十四五"战略性新兴产业和未来产业发展规划》，以及河南省制度型开放过程中遇到的问题，河南省可以采用以下措施对标高标准国际经贸规则。

一、优先对标和改革的规则

对于河南省来说，优先对标和改革的领域是那些对区域生产网络和价值创造体系构建至关重要的、与意识形态关联性较低或适中的规则。例如，准入前国民待遇和负面清单、知识产权保护、竞争力和商务便利化、中小企业和发展能力援助以及政府采购、透明度与反腐败等条款。

（一）准入前国民待遇和负面清单

准入前国民待遇和负面清单是一种政府管理模式创新，不但有利于突破现有外商投资管理体制改革瓶颈，削减要素和市场壁垒，加速河南省国际化进程，而且还是规范现有产业、保护未来产业的一种手段。《河南省"十四五"战略性新兴产业和未来产业发展规划》提出，到2025年，战略性新兴产业增加值占规模以上工业增加值比重超过30%，未来产业增加值占战略性新兴产业增加值比重超过15%；在新一代信息技术、生物技术、新材料、节能环保等领域形成一批支柱产业，成为拉动全省经济发展的新动能。河南自由贸易试验区应充分利用这一机遇，在《中华人民共和国外商投资法》指导下，进一步精简《外商投资准入特别管理措施》和《自由贸易试验区外商投资准入特别管理措施》中公布的"全国版"、"自贸版"两张负面清单，为战略性新兴产业发展创造有利条件。

虽然我国2022年"全国版"和2021年"自贸版"两张负面清单项目数都有所减少，但与主要发达经济体的负面清单相比仍然较长，尤其是许可准入类项目可以进一步放开。在战略性新兴产业和未来产业发展过程中，创新具有不可控和不可预期的特征，过多的产业限制有可能将那些做突破性创新的企业拒之门外，中方控股的合资企业也可能因治理机制问题而创新动力不足。此外，还有一些项目可以通过市场监管、社会伦理道德或非政府组织加以规范，也没必要在准入前进行政府审核。具体来说，可以在以下方面对负面清单加以调整：

作为一个农业大省，优良的动植物种子对提升农、林、牧、渔业产量具有重要意义，内资和外资改良种子的努力都应得到支持，在监管方面也应一视同仁。在农、林、牧、渔业类别下，准入前对内资和外资改良动植物物种、动物饲养、屠宰和经营都应给予同等待遇，同时完善相关领域立法，在准入后加强对内资和外资事中和事后管理，尤其是不论内资还是外资的转基因研究、试验和应用，以及对生态系统的影响等都应合乎法律、道德和伦理要求。

由于战略性新兴产业和未来产业充满了不确定性，更加依赖于资本市场融资，特别是风险资本投资，河南省应进一步加大金融部门开放承诺，在银行和其他金融服务开放项目下涵盖担保和承诺、货币经纪、资产管理、金融资产的结算和清算服务等。在数字通信行业，河南省可以尝试进一步取消云服务领域的外商投资限制，允许外资股比不超过50%的中外合资企业在华经营云服务。对计算机服务做出市场准入承诺，并将纳入"技术中立"条款，确保对增值电信业务施加的外资股比限制不得影响通过互联网提供的金融、物流、医疗等领域的外资政策。其中技术中立原则是指应允许公司自由地采用任何最适合的技术来达到某些监管要求；无论使用何种技术，都应适用相同的监管框架；应避免利用监管作为手段，由监管者挑选其认为是最佳的技术、将市场推向监管者认为最佳的结构等。

郑州市是中国的交通枢纽，也是人流、物流、资金流和信息流中心，大数据、金融业、租赁和商务服务业具有较大的发展空间，过多行业准入限制不利于枢纽作用发挥。中国（河南）自由贸易试验区还可以允许外商投资国际海事运输相关陆上辅助性业务，放松货物装卸、集装箱库和站点、海事代理等领域投资限制，扩大空运服务计算机订座系统、地勤服务和营销服务等重点领域开放，取消对租赁和出租不带机组人员的飞机的最低资本要求，取消在房地产服务、租赁服务、交通工具的维修与保养、广告、市场调研、管理咨询、翻译服务等领域合资企业要求。

（二）知识产权保护

2022年，河南省政府在"十四五"规划中提出引进培育重大科技创新平台，强化要素集聚、资源共享、载体联动，努力形成国家区域科技创新中心；强化企业创新主体地位，推进产学研深度融合，支持企业牵头组建创新联合体、行业研究院、共性技术平台。上述规划实际上是在打造河南省的产业公地。然而，产业公地培育还应重视知识产权保护和机会主义行为防范。河南省应严格执行《中华人民共和国外商投资法》，加强知识产权保护，要求行政机关及其工作人员不得利用行政手段强制转让技术。

在专利申请方面，河南省应按照《关于进一步严格规范专利申请行为的通知》要求逐步削减并在2025年前完全取消对专利授权的财政资助。专利申请是知识产权保护的一种重要途径，然而在实践中却往往被滥用。例如，由于存在专利授权的财政资助，导致了专利申请乱象，一些申请方为获得政府资助及补贴而大量申请低质量专利，这就偏离了保护发明创造的初衷，导致真正有价值的发明创造难以得到政府的财政资助，产生了"劣币驱逐良币"效应。

此外，河南省还应综合运用多种手段打击产业集群中知识和技术盗窃的机会主义行为。例如，对于那些受到行业准入限制或所有制限制的企业来说，政府在项目审批过程中可能会要求它们提供一些超出其预期的敏感技术信息或商业秘密。但是，在政府所委托的专家小组中包括产业界、学术界或其他可能对这些信息具有竞争利益的代表的情况下，这些敏感技术信息和商业秘密就处于风险暴露之中。① 如果专家小组成员出于私人利益而滥用政府所赋予的行政特权，敏感技术信息或商业秘密泄露将使这些企业丧失部分所有权优势。在产业集群内，一些企业还可能到竞争对手供货商那里窃取相关技术和商业秘密，或者恶意从竞争对手那里挖走一些科研和营销渠道骨干人才，或者把竞争对手的通讯录交给猎头公司，让更多猎头高薪去挖，扰乱竞争对手。因此，河南省要综合运用正式和非正式制度、政府和非政府组织等途径为战略性新兴产业发展和产业公地培育创造良好的环境。

（三）竞争力和商务便利化

河南省"十四五"规划提出，深入推动跨区域协作，继续加

---

① Office of the United States Trade Representative Executive Office of the President. Findings of the Investigation into China's Acts, Policies, and Practices Related to Technology Transfer, Intellectual Property, and Innovation under Section 301 of the Trade Act of 1974 [EB/OL]. https://ustr.gov/sites/default/files/enforcement/301Investigations/301%20Report%20Update.pdf.

强和巩固周边合作，全面深化豫京、豫沪、豫浙、豫苏合作，不断拓展豫粤、豫渝、豫川等合作，加强"飞地经济"探索创新，建设一批集群式产业链合作园区。河南省"十四五"规划还进一步指出，推进三门峡晋陕豫黄河金三角承接产业转移示范区提质增效，推动建设豫鲁、豫皖交界区域承接产业转移合作区；推动郑（州）洛（阳）西（安）高质量发展合作带建设全面起势，以高水平融入共建"一带一路"为牵引，放大郑州航空港经济综合实验区产业、枢纽、通道、都市集成效应，高水平建设"四条丝绸之路"。

河南省还积极构建"通道+枢纽+网络"的现代物流运行体系，郑欧班列在"一带一路"物流运输中发挥着重要作用。河南省"十四五"规划提出，统筹推进现代流通体系硬件和软件、渠道和平台建设，完善枢纽场站设施和多式联运集疏功能，加强高铁货运、航空货运和内河水运能力建设，加快形成内外联通、安全高效的现代物流网络和通道枢纽；推进商贸流通体系数字化、智能化改造和跨界融合，建设一批带动能力强的全国性、区域性专业市场和配送中心，推动流通企业向全渠道平台商、集成服务商、供应链服务商、定制化服务商等转型。此外，河南省在《郑州—卢森堡"空中丝绸之路"建设专项规划（2017—2025年）》和《中国（河南）自由贸易试验区多式联运服务体系建设专项方案》中提出，郑欧班列在国内所有开行班列中居于领先地位，"单一窗口"快件通关辅助系统已推广至郑州邮政口岸，建设国际邮件经转中心，向德国等欧洲主要国家开展国际邮件业务。

物流体系建设为河南省参与区域经济合作提供了良好的物质基础设施，竞争力提升和商务便利化更需要区域竞争优势决定因素整合以及政策对接相关的制度基础设施，还要求加强信息沟通渠道，营造良好的商业环境，逐步达到与国际接轨的标准。目前，河南省自由贸易试验区已对政务服务、监管服务、金融服务、法律服务、多式联运服务五大体系改革印发了体系建设专项方案，2019 年试点开展"证照分离"改革。但是，在要素条件（如人力资本这种高级生产要素，数据这种新兴生产要素）、需求条件（通过区域大市场形成引领时代潮流的需求）、相关产业与辅助产业（区域内不同省市互补性分工合作）、企业战略结构和竞争（企业治理和管理理念）等竞争优势决定因素整合方面，河南省应按照世界银行《营商环境报告》要求进行深层次、结构性改革，实行放管结合并重，不断提高政策制定和监管执法科学性和透明度，保障各类市场主体的合法权益，充分激活市场活力和企业竞争力，各省份之间还应加强信息沟通和利益分配与协调，尽可能降低财政分权和晋升博弈对区域合作的不利影响。

此外，河南省还应拓宽信息沟通渠道，及时倾听利益相关方诉求，特别是帮助落后地区参与自由贸易试验区供应链建设。建立专家咨询制度，定期开展研讨会、讲习班或其他能力建设促进活动，及时对标国际要求，不断缩小差距；及时公示和对外及时传达最新信息、决策等，提高政策透明度；化繁就简、打通梗阻，持续推进市场化改革，发挥市场配置资源的决定性作用，全面提升国际开放水平，以高水平对外开放推动国内经济高质量发展，以高水平外部循环带动高质量国内循环。

（四）中小企业和发展能力援助

中小企业是区域价值网络不可缺少的一部分，它们不仅直接参与某一环节的生产或服务，而且创造了大量就业，在社会经济发展过程中发挥着重要作用。但是，与国有企业和大型民营企业相比，中小企业一直处于弱势地位，如何促进中小企业发展是中国及河南省对外开放过程中面临的重要问题。

针对中小企业融资难和技术水平低的问题，河南省已出台了相应措施。例如，河南省"十四五"规划提出提升"信豫融"平台功能，助力中小微企业信用融资，健全农村金融服务体系，扩大普惠金融农村覆盖面，加强对中小企业、新型农业经营主体和农户的金融服务；实施科技型中小企业"春笋"计划，完善孵化培育和创新能力评估机制，争取科技型中小企业达到1.5万家，健全中小微企业梯度培育机制，发展壮大一批"专精特新"企业，打造一批补强产业基础和产业链短板的冠军企业。对于河南省来说，中小企业融资和技术政策已比较完善，重要的是要真正有效地落实和执行上述政策。

在信息共享方面，河南省在"十四五"规划中提出加快中小企业智能化改造，在《中国（河南）自由贸易试验区总体方案》中明确提出大力推行"互联网+政务服务"以提高企业办事效率，在《海关总署关于支持和促进河南自由贸易试验区建设发展的若干措施》中提到推动自由贸易试验区"互联网+海关"特色服务，在《中国（河南）自由贸易试验区建设重大改革专项总体方案》中提出实现不同企业间多式联运信息以及政府公共信息开放共享和互联互通。但是，河南提供的主要是国内信息，而对国际市场信息关注不够。对于中小企业来说，它们缺少的不仅是资金，还缺少国际信息和国际化经营所需要的人才。因此，未来河南省自由贸易试验区应进一步提供其他国家（地区）法律、海关规章制度和市场信息，以帮助中小企业开拓国际市场。此外，河南省还应利用郑州数字枢纽优势，打造一些拥有数字采集技术、海量数据资源的核心企业平台，平台企业凭借数据流、技术流、资金流、人才流、物资流等优势，自发形成产、供、销一条龙的供应链体系，生产企业可以不用管销售、销售企业可以不用建仓储、一切经营活动线上化的专业化运营模式，弥补中小企业信息贫乏和国际化经营能力不足的缺陷。

在国际（区域）经济合作中，河南省还应借鉴发达国家经验，设立中小企业委员会，解决中小企业留不住人才的难题，帮助中小企业利用国际（区域）经济合作创造的商业机会，交流讨论各方中小企业的发展经验，帮助中小企业减少或化解可能发生的贸易摩擦。此外，由于人才（尤其是国际化经营人才）缺乏，中小企业治理机制不完善，法律意识、合规意识欠缺，国际化经营能力较弱。政府应帮助中小企业建立合理的福利制度和人事管理制度，改善中小企业工作环境，提升中小企业对人才的吸引力。

在发展能力援助方面，河南省不仅要关注融资、贷款和税收优惠等方面的问题，更要重视区域价值网络构建和运行所需要的制度和能力建设。除了推动区域经济合作中的企业管理和政府服务信息化和数字化以外，还应协助领导厂商和高层级供应商搭建开放性招标平台，完善行业协会职能，依靠行业自律来弥补政府监管漏洞和空缺。此外，河南省还应推动与其他国家（地区）之间的科研合作，围绕区域经济合作中的共性问题联合攻关，共同防范和纠正区域经济合作中的机会主义行为。

（五）政府采购、透明度与反腐败

2019 年 10 月 20 日，中国向 WTO 提交了加入 GPA 的第 7 份出价，标志着我国政府采购向更高层次的开放迈出了积极一步。虽然在大多数国际贸易投资协议中政府采购都属于例外条款，但河南省应尽可能降低政府采购对区域价值创造体系的不利影响。在设计改革方案的过程中，河南省继续提升政府采购过程的公平性和透明度；深化政府采购监管体系改革，强化环境保护和可持续发展的政策措施，通过政府采购电子化立法并完善相关的电子化标准规范等措施，促进政府采购电子化健康发展。

此外，在环境保护方面，除了贯彻执行政府服务和绿色采购以外，河南省政府还应引导企业将环保理念和相关标准融入原料采购、生产加工、物流运输等每个环节，建立环境友好的绿色产品生产链。同时，进一步加大对环保商品和服务方面的投资、研发、生产，加强区域及国际环保合作，消除环保产品进出口壁垒；在污水处理、噪声消除、固体废物处理、废气处理、自然和景观保护、卫生及其他环境服务等方面应进一步取消合资企业要求。

二、渐进对标和调整的规则

对于河南省来说，渐进对标和调整的领域是那些与意识形态关联性较低或适中、执行起来比较复杂的规则，主要包括数字经济治理、监管一致性和争端解决机制等条款。

（一）数字经济治理

在区域价值网络所依赖的互联网和数字空间里，科技水平是权力衍生的基础，而代码或者标准的制定既决定了空间运行的规则，也决定了行为体获取权力的能力；政府、企业、非政府组织、技术社群、互联网用户都是数字经济治理的利益相关方，传统地理空间下政府与企业和其他行为体的权力边界正在发生变化，权力主体呈现多元化，其他利益相关者也获得了部分权力；虚拟与现实空间复杂互动，地理边界失效，一国面临的安全威胁来源、行为体和攻击路径日益全球化，维护网络空间主权仅仅依靠政府的力量或者一个国家的力量变得十分困难，即使是在经济和安全等传统的主权管辖范围内，如打击网络恐怖主义、网络犯罪和数字贸易规则制定等，仅仅依靠传统的政府间治理机制很难奏效。因此，在区域价值网络下，数字经济安全和国家主权维护需要国际合作才能实现，特需要处理好国内法与国际法之间的对接。

对于数字自由流动和数字平台建设，河南省应持审慎包容的态度。一方面，由于区域价值网络下各参与者之间合作需要数据交流，河南省在大方向上应坚持数字自由流动原则。就数据跨境流动中的金融信息而言，在不违反东道国基于审慎原因的监管要求前提下，原则上不阻止河南省内金融服务提供者就日常营运所需要的信息进行处理和转移。另一方面，在国际合作中通过安全分级确保数据安全。数字和网络空间安全不仅考验监管能力和技术创新能力，也考验政府对网络空间安全的认知、适应和应变能力。在数字经济规则执行方面，河南省应对数据安全涉及的国家安全按照严重、较大和一般等级进行区分，同时考虑当前安全威胁是否具有紧迫性，只有将这两个维度综合起来考量，才能制定出恰当的数字经济治理对策。

（二）监管一致性

在监管一致性方面，自由贸易试验区已加强了跨部门协同监管、综合执法；加大了数字技术在监管中的应用，推出了边检服务掌上直通车、大数据平台，实现了海关企业注册及电子口岸入网全程无纸化；促进信息公开，增加透明度，如海关企业进出口信用信息公示制度、审批告知承诺制、市场主体自我信用承诺及第三方信用评价三等项信用信息公示。同时，河南省自由贸易试验区也积极推进诸如船舶入出境、粮食进出口检疫等具体领域监管成功经验的复制和推广。

截至 2020 年底，在商务部推动下，各地自由贸易试验区向全国或特定区域复制推广的经验共 260 项，其中以政府职能转换为核心的事中事后监管创新项共 60 项。河南自由贸易试验区承担了 160 项改革试点任务，涉及政府职能转变的有 28 项，相关试点任务均取得积极进展，并在重点领域取得一系列创新成果。例如，在事中事后监管方面，探索构建"三双三连"模式，即双随机抽查、双智能监察、双告知推送，联合监管、联合惩戒、信息互联互通，把握信息化发展趋势，通过信息共享，实现联合监管及智能监察。

区域价值网络构建需要加强边境后开放遇到的新问题、新领域的政策协调与合作。一般来说，更高程度的开放是与更健全的事中和事后监管相对应的。河南省应进一步规范和细化准入前国民待遇以后的国家安全审查制度以及事中和事后市场监管合作。例如，一方面，河南省应放松云服务以及农业、林业、畜牧业和渔业转基因研究投资限制，取消各类金融服务壁垒，扩大国际海事运输相关的陆上辅助性业务开放，扩大空运服务计算机订座系统、地勤服务和营销服务等领域开放，以及扩大环境服务领域开放；另一方面，河南省应加强同外资企业母国相关部门监管合作和政策协调，以防范和管控上述领域风险。

（三）争端解决机制

国际贸易投资争端复杂性需要河南省采取更加灵活的国际争

端解决方式。在价值创造过程中，互补性分工合作不但深入到产品内每一环节，而且涉及社会生产生活的各个方面。由于有限理性和信息不完全性，各参与者在缔结协议时不可能把所有情况都考虑在内，而且在执行过程中还受到当地法律体系健全程度影响。特别是数字化技术应用模糊了国家地理边界，在某些情况下属地和属人管辖权归属存在争议。河南自由贸易试验区不仅是贸易投资便利化的试验区，也是一个法律试验区。为了营造良好的投资环境，河南自由贸易试验区应按照高标准国际经贸规则要求，在国际投资争端解决方面先行先试。

在国际投资仲裁方面，河南自由贸易试验区可以基于双边经济合作的特殊性，向国家提议"量身定制"缔约方所遵守的协定条款；在国家尚未做出改变之前，河南自由贸易试验区可以尝试在合同条款中约定贸易投资协定的使用事项。河南省在处理国际投资纠纷过程中也应参考"法庭之友"和专家建议，以克服正式法律制度在解决复杂国际经济纠纷时的局限性，同时也参照发达国家的做法，在协议中列出不适用投资者—国家争端解决机制的例外规定，规定准入前国民待遇、最惠国待遇、政府采购、国家根本安全、金融例外等条款不适用于投资者—国家争端解决机制。这些例外条款可以为政府根据经济发展情况进行政策调整预留更多空间。

河南省也可以充分利用郑州在人流、物流、资金流和信息流等方面的中心地位，借鉴新加坡国际商事法庭（SICC）的相关做法，按照高标准申请设立真正与国际接轨的郑州国际商事法庭。郑州国际商事法庭要积极促进调解、仲裁和诉讼对接，综合利用大陆法系和英美法系的优势，扩大《纽约公约》的适用并尝试撤销对公约的"互惠保留"，同时利用大陆法系中的程序规则解决国际商事仲裁中耗时长、成本高等问题，公正、公平、专业、高效地解决国际贸易和投资争端。此外，河南省还可以扩大内地与港澳合伙型联营律师事务所设立范围，同时考虑允许设立内地与欧美合伙型联营律师事务所，以服务于郑州国际商事法庭建设。

此外，由于我国社会主义市场经济体制起步较晚，在要素市场、商品市场、社会信用体系、产业链核心技术等方面制度尚不健全，尤其是在某些情况下还存在政策和法规执行不完全的情况。我国可以借鉴发达国家实践经验，将行业标准、行业规则等尚未被纳入多边经贸规则体系，但对各个具体领域对外开放合作影响较大的具体规则纳入制度型开放范围，构建符合全球生产网络及其价值创造体系发展趋势的市场、产业和社会信用规则体系。

三、探索和逐步对接的规则

对于河南省来说，探索和逐步对接的规则是那些因国情不同而差异较大的制度，主要包括竞争中性与国有企业、劳工权益保护等条款。

（一）竞争中性与国有企业

虽然澳大利亚最初提出的竞争中性主要是指国家所有权性质

上的国有企业，但高标准国际经贸规则将国有企业范围进一步扩大为政府拥有控制力的企业，不仅包括通常意义上的国有独资企业和国有控股企业，也包括政府通过持有少数股权控制其决策，或政府虽然不持有所有权益，但可依法通过指示控制其决策的私营企业。此外，因缔约一方政府的指定而在相关市场中具有垄断地位的公共或私营性质企业也落入相关规则的适用范围。

从区域价值创造体系构建角度来说，河南省应从纠正要素（尤其是高素质人才）扭曲、促进价值网络下参与者之间合作（而不是挤出效应）角度来认识和执行竞争中性和国有企业条款。就竞争中性条款而言，河南省应根据非歧视原则要求给予所有企业同等待遇，尽可能缩减国有企业（或政府具有控制力的私营企业）所从事行业的正面清单，尤其是在不可控和不可预期特征明显的战略性新兴产业，以及供应链长的产业，政府应采用普惠性政策，让民营企业享受与国有企业同等待遇，以减少资源配置的扭曲效应和挤出效应。国有企业（或政府具有控制力的私营企业）要及时公布股权结构、组织架构、年收入、依法享有的免责和豁免、监管机构等信息；在从事商业活动时按照商业考虑购买和销售货物或服务。其中，"商业考虑"是指相关行业中以盈利为目标、并受市场力量约束的企业在商业决策时通常考虑的因素，包括价格、质量、可获得性、适销性、运输以及其他买卖条款和条件。当然，如果国有企业是为了执行公共服务指令，且该公共服务指令本身并不违反非歧视待遇要求，也可以不需要遵守商业考虑义务。

（二）劳工权益保护

劳动者是生产中最活跃的因素，在创新和价值创造过程中发挥着重要作用，劳资关系也是和谐社会构建的重要组成部分。《中共中央关于构建社会主义和谐社会若干重大问题的决定》提出，完善劳动关系协调机制，全面实行劳动合同制度和集体协商制度，确保工资按时足额发放；严格执行国家劳动标准，加强劳动保护，健全劳动保障监察体制和劳动争议调处仲裁机制，维护劳动者特别是农民工合法权益。在区域价值网络下，劳工（消费者）与企业（生产者）是一种相互促进关系，近年来，河南省一些主要城市出台了引进人才的优惠政策，还主要是购（租）房补贴和落户政策等。但是，当前劳工权益保护还不能完全满足区域价值网络要求，如何培养劳工的主人翁精神和激发他们的创新积极性是河南省工会下一步努力的方向。

河南省应全面贯彻落实习近平总书记在同中华全国总工会新一届领导班子成员的集体谈话中的精神，继续深化工会改革和建设，扩大工会组织覆盖面，创新工作方式，努力为职工群众提供精准、贴心的服务；工会干部要践行党的群众路线，及时了解职工所思所想所盼，不断增强服务职工本领，真心实意为职工说话办事。① 对于在豫工作的外籍专业人士，河南省应在住房、养老、

---

① 习近平. 坚持党对工会的全面领导 组织动员亿万职工积极投身强国建设民族复兴伟业 ［EB/OL］. https：//www. women. org. cn/art/2023/11/2/art_ 17_ 174305. html.

医疗、保险、子女教育等方面，给予他们与本土专家同等待遇，避免"超国民待遇"和"次国民待遇"。对于高端人才，政府应侧重于营造有利于创新和创业的环境，进一步完善劳动力市场，让人才价值交由市场决定。

参考文献

［1］ Barney J B . Firm Resources and Sustained Competitive Advantage ［J］. Advances in Strategic Management, 1991, 17 （1）: 3-10.

［2］ Costinot A. On the Origins of Comparative Advantage ［J］. Journal of International Economics, 2009, 77 （2）: 255-264.

［3］ Cuñat Alejandro, Melitz M J. Volatility, Labor Market Flexibility, and the Pattern of Comparative Advantage ［J］. Journal of the European Economic Association, 2012 （2）: 225-254.

［4］ Fernández V R. Global Value Chains in Global Political Networks Tool for Development or Neoliberal Device? ［J］. Review of Radical Political Economics, 2015, 47 （2）: 209-230.

［5］ Helpman E, Redding I S. Inequality and Unemployment in a Global Economy ［J］. Econometrica, 2010, 78 （4）: 1239-1283.

［6］ Hoekman B M, Mavroidis P C. Regulatory Spillovers and

the Trading System：From Coherence to Cooperation ［R］. E15 Initiative Report，2015：6. http：//e15initiative. org/publications/regulatory-spillovers-and-the-trading-system-from-coherence-to-cooperation/.

［7］Hymer S H. The International Operations of National Firms，A Study of Direct Foreign Investment ［D］. Massachusetts Institute of Technology，1960.

［8］Mahmood Z，Michael E，Porter. The Competitive Advantage of Nations ［J］. Harvard Business Review，1990，68（2）：73-93.

［9］Williamson O E. The New Institutional Economics：Taking Stock，Looking Ahead ［J］. Journal of Economic Literature，2000，38（3）：595-613.

［10］［美］R. 科斯，A. 阿尔钦，D. 诺斯. 财产权利与制度变迁——产权学派与新制度学派译文集 ［M］. 上海：上海人民出版社，2000.

［11］［美］艾丽斯·凯斯勒·哈里斯. 超越社会契约：西欧和美国福利国家的重构 ［J］. 美国研究，2018，32（4）：149-160+8.

［12］［美］戈登·塔洛克. 寻租：对寻租活动的经济学分析 ［M］. 四川：西南财经大学出版社，1999.

［13］［美］加里·皮萨诺，威利·史. 制造繁荣 ［M］.

北京：机械工业出版社，2014.

[14]［美］罗伯特·基欧汉，约瑟夫·奈．权力与相互依赖（第4版）［M］．北京：北京大学出版社，2012.

[15]［日］青木昌彦．比较制度分析［M］．上海：上海远东出版社，2001.

[16] 白俊红，卞元超．要素市场扭曲与中国创新生产的效率损失［J］．中国工业经济，2016（11）：39-55.

[17] 蔡翠红．全球芯片半导体产业的竞争态势与中国机遇［J］．人民论坛，2022（14）：92-96.

[18] 常娱，钱学锋．制度型开放的内涵、现状与路径［J］．世界经济研究，2022（5）：92-101+137.

[19] 陈爱贞，刘志彪．中国行政垄断的收入与财富分配效应估算［J］．数量经济技术经济研究，2013，30（10）：63-78.

[20] 陈林，罗莉娅，康妮．行政垄断与要素价格扭曲——基于中国工业全行业数据与内生性视角的实证检验［J］．中国工业经济，2016（1）：52-66.

[21] 陈瑶．国际贸易协定对国有企业的规制研究［D］．华东政法大学，2021.

[22] 迟福林．以高水平开放促进深层次市场化改革［N］．人民日报，2020-06-11.

[23] 崔庆波，邓星，关斯元．从扩大开放到制度型开放：对外开放平台的演进与升级［J］．西部论坛，2023，33（1）：

42-58.

　〔24〕〔美〕大卫·波维特．价值网：打破供应链　挖掘隐利润〔M〕．北京：人民邮电出版社，2001．

　〔25〕戴静，张建华．金融所有制歧视、所有制结构与创新产出——来自中国地区工业部门的证据〔J〕．金融研究，2013（5）：86-98．

　〔26〕戴翔，张二震．"一带一路"建设与中国制度型开放〔J〕．国际经贸探索，2019，35（10）：4-15．

　〔27〕戴翔．制度型开放：中国新一轮高水平开放的理论逻辑与实现路径〔J〕．国际贸易，2019（3）：4-12．

　〔28〕东艳，李国学．国际经贸规则重塑与自由贸易试验区建设〔M〕．北京：中国社会科学出版社，2021．

　〔29〕东艳，郭若楠，曹景怡．国际经贸规则与国家安全——基于区域贸易协定透明度规则的测度〔J〕．国际经贸探索，2022，38（10）：4-20．

　〔30〕东艳．制度摩擦、协调与制度型开放〔J〕．华南师范大学学报（社会科学版），2019（2）：79-86+192．

　〔31〕东艳．国际经贸规则重塑与中国参与路径研究〔J〕．中国特色社会主义研究，2021（3）：27-40．

　〔32〕东艳．全球贸易规则的发展趋势与中国的机遇〔J〕．国际经济评论，2014（1）：45-64+5．

　〔33〕冯雷，汤婧．大力发展混合所有制应对"竞争中立"

规则［J］. 全球化，2015（4）：73-83+132-133.

［34］高维和，孙元欣，王佳圆. 美国 FTA、BIT 中的外资准入负面清单：细则与启示［J］. 外国经济与管理，2015（3）：87-96.

［35］顾朝曦. 发挥行业协会商会服务经济发展的功能作用［J］. 中国社会组织，2014（8）：8-10.

［36］国家发展改革委对外经济研究所课题组. 中国推进制度型开放的思路研究［J］. 宏观经济研究，2021（2）：125-135+148.

［37］胡海涛，刘玲，董婷婷. 竞争中立视野下国有企业法律治理研究［J］. 河北科技大学学报（社会科学版），2021，21（1）：29-36.

［38］黄浩森，袁宇. 构建产业公地　助推产业生态圈建设：成都制造业发展新思路［J］. 成都大学学报（社会科学版），2018（3）：40-43.

［39］黄桥立，沈伟. 中小企业走向前台？区域贸易协定中小企业规则的成型、不足与走向［J］. 上海对外经贸大学学报，2022，29（6）：58-78.

［40］季剑军. 美日韩三国制度型开放路径比较及其启示［J］. 亚太经济，2021（6）：71-77.

［41］靳来群，林金忠，丁诗诗. 行政垄断对所有制差异所致资源错配的影响［J］. 中国工业经济，2015（4）：31-43.

［42］赖德胜，纪雯雯. 人力资本配置与自主创新［J］. 经

济学动态，2015（3）：22-30.

[43] 郎平.网络空间安全治理的全球性困境与中国对策
[J].国家治理，2022（22）：31-35.

[44] 郎平.网络空间国际规范的演进路径与实践前景
[J].当代世界，2022（11）：53-57.

[45] 郎平.主权原则在网络空间面临的挑战[J].现代国
际关系，2019（6）：44-50+67.

[46] 李大伟.新发展格局下如何推进制度型开放[J].开
放导报，2020（6）：31-38.

[47] 李国学，东艳.国际生产方式变革、国际经济规则重
塑与制度型开放高地建设[J].学海，2020（5）：21-30.

[48] 李国学，何帆.全球生产网络的性质[J].财经问题
研究，2008（9）：3-9.

[49] 李国学，毛艳华.跨境制度匹配与产业结构升级——
发展中国家对外直接投资的一个理论解释[J].中央财经大学
学报，2015（6）：75-82.

[50] 李国学，张宇燕.资产专用性投资、全球生产网络与我
国产业结构升级[J].世界经济研究，2010，5（25）：3-6+87.

[51] 李国学."一带一路"倡议下中国对外投资促进国际
竞争力提升的路径选择[J].学海，2016，9（20）：137-143.

[52] 李国学.不完全契约、国家权力与对外直接投资保护
[J].世界经济与政治，2018（7）：122-141+160.

［53］李国学．跨境制度匹配、对外投资与中国价值链升级［M］．北京：中国社会科学出版社，2020．

［54］李国学．贸易战的理论逻辑及其应对：全球生产网络视角［J］．学海，2019，9（20）：140-146．

［55］李国学．外向 FDI、产业链延伸与我国产业结构升级［J］．中国市场，2012（42）：60-65．

［56］李国学．制度型开放：外贸转型升级基地下一步努力的方向［J］．进出口经理人，2021（8）：47-49．

［57］李国学．制度约束与对外直接投资模式［J］．国际经济评论，2013（1）：160-172+8．

［58］李国学．资产专用性投资与全球生产网络的收益分配［J］．世界经济，2009（8）：3-13．

［59］李礼辉．数据要素资源配置的可行路径［J］．清华金融评论，2021（5）：16-17．

［60］李丽．地区性行政垄断对区域产业竞争力的影响分析［D］．山东大学，2010．

［61］李丽．TPP 中的 CSR 条款及其影响与启示［J］．WTO 经济导刊，2018，6（7）：20-22．

［62］李丽．地区性行政垄断对区域产业竞争力的影响分析［D］．山东大学，2010．

［63］李思奇，金铭．美式国有企业规则分析及启示——以 NAFTA、TPP、USMCA 为例［J］．国际贸易，2019（8）：88-96．

［64］李向阳．"一带一路"的高质量发展与机制化建设
［J］．世界经济与政治，2020（5）：51-70+157．

［65］李雪平．自由贸易与国际核心劳工标准相联接的新实
践——TPP 协定的劳工条款及其对中国外贸的挑战［J］．求索，
2016，9（28）：22-30．

［66］刘彬，陈伟光．制度型开放：中国参与全球经济治理
的制度路径［J］．国际论坛，2022（1）：62-77+157-158．

［67］刘瑞明．国有企业、隐性补贴与市场分割：理论与经
验证据［J］．管理世界，2012（4）：21-32．

［68］刘志彪，张杰．我国本土企业制造业出口决定因素的
实证分析［J］．经济研究，2009（8）：99-112+159．

［69］刘志彪．重构国家价值链：转变中国制造业发展方式
的思考［J］．世界经济与政治论坛，2011（4）：1-14．

［70］刘志彪．重塑中国经济内外循环的新逻辑［J］．探索
与争鸣，2020（7）：42-49+157-158．

［71］鲁淑，陈琛．创新发展：制造繁荣不可或缺［N］．中
国工业报，2015-04-07．

［72］鲁桐．《OECD 国有企业公司治理指引》修订及其对中
国国企改革的启示［J］．国际经济评论，2018（5）：119-134．

［73］鲁桐．竞争中立：政策应用及启示［J］．国际经济评
论，2019，9（27）：99-122+7．

［74］马克思，恩格斯．马克思恩格斯选集（第 2 卷）［M］．

北京：人民出版社，1995.

［75］毛小柴．完善配套政策助"专精特新"企业发展［J］．中国工业和信息化，2021，10（15）：40-45.

［76］毛晓飞．最高法国际商事法庭呼之欲出［N］．法制日报，2018-05-28.

［77］聂新伟．制度型开放：历史逻辑、理论逻辑与实践逻辑［J］．财经智库，2022（3）：93-123.

［78］齐治平．制定全球数据安全规则　共创数字经济美好未来［J］．中国信息安全，2020（11）：68-71.

［79］盛斌，段然．TPP 投资新规则与中美双边投资协定谈判［J］．国际经济评论，2016，9（27）：9-30+4.

［80］盛斌，黎峰．以制度型开放为核心推进高水平对外开放［J］．开放导报，2022（8）：15-20.

［81］盛斌，赵文涛．地区全球价值链、市场分割与产业升级——基于空间溢出视角的分析［J］．财贸经济，2020，41（9）：131-145.

［82］盛毅，陈东．竞争中立原则及对国有企业规制的研究进展评述［J］．经济体制改革，2019，4（11）：11-18.

［83］孙海鹰．打造系统创新链　促进科技与产业深度融合［J］．中国科技财富，2022（6）：59-61.

［84］魏浩，卢紫薇，刘缘．中国制度型开放的历程、特点与战略选择［J］．国际贸易，2022（7）：13-22.

［85］徐昕．TPP 国有企业规则对我国的影响及其应对［J］．理论探索，2014，5（125）：125-128.

［86］徐昕．国有企业海外投资跨境补贴的规制［J］．法学研究，2022，44（9）：207-224.

［87］徐秀军．中国参与全球经济治理的路径选择［J］．国际问题研究，2017（6）：28-39+123.

［88］杨瑞龙．论我国制度变迁方式与制度选择目标的冲突及其协调［J］．经济研究，1994（5）：40-49+10.

［89］银温泉．竞争中性视角下的国企改革［J］．宏观经济管理，2019，10（8）：8-12.

［90］于良春，张伟．中国行业性行政垄断的强度与效率损失研究［J］．经济研究，2010，45（3）：16-27+39.

［91］余东华．地区行政垄断、产业受保护程度与产业效率——以转型时期中国制造业为例［J］．南开经济研究，2008（4）：86-96.

［92］余淼杰．"大变局"与中国经济"双循环"发展新格局［J］．上海对外经贸大学学报，2020（6）：19-28.

［93］张车伟，薛欣欣．国有部门与非国有部门工资差异及人力资本贡献［J］．经济研究，2008（4）：15-25+65.

［94］张辉．全球价值链下地方产业集群升级模式研究［J］．中国工业经济，2005（9）：11-18.

［95］张杰，芦哲，郑文萍，陈志远．融资约束、融资渠道

与企业 R&D 投入〔J〕. 世界经济, 2012（10）: 66-90.

[96] 张军旗, 田书凡. CPTPP 国有企业规则与深化国有企业改革〔J〕. 西部论坛, 2023, 33（4）: 61-76.

[97] 张少军, 刘志彪. 产业升级与区域协调发展: 从全球价值链走向国内价值链〔J〕. 经济管理, 2013（8）: 30-40.

[98] 张少军. 全球价值链降低了劳动收入份额吗——来自中国行业面板数据的实证研究〔J〕. 经济学动态, 2015（10）: 39-48.

[99] 张婷婷, 李政. 国际贸易发展与更高水平开放型经济新体制的构建〔J〕. 河南社会科学, 2020（2）: 47-56.

[100] 张玉兰, 崔日明, 郭广珍. 产业政策、贸易政策与产业升级——基于全球价值链视角〔J〕. 国际贸易问题, 2020（7）: 111-128.

[101] 赵蓓文. 中国制度型开放的逻辑演进〔J〕. 开放导报, 2022（4）: 38-44.

后　记

随着国际生产方式的变革，以美国为首的发达国家以双边或区域经济合作为平台，掀起了新一轮国际经贸规则重塑的浪潮。作为世界上最大的发展中国家，中国也以更加开放的姿态积极参与国际经济规则的重塑，积极推动由商品和要素流动型开放向规则等制度型开放转变，吸收和借鉴国际成熟市场经济制度经验和人类文明有益成果，加快国内制度规则与国际接轨，以高水平开放促进深层次市场化改革。

在制度型开放过程中，自由贸易试验区承担着国际经贸规则先行先试的重任。自 2013 年中国（上海）自由贸易试验区第一个试点以来，我国已分七批次成立了 22 个自由贸易试验区。虽然制度型开放是中国下一阶段开放的主旋律，但把发达国家倡导的贸易投资新规则作为自由贸易试验区先行先试的目标是否合适？作为国家新一轮改革开放的新高地，自由贸易试验区如何通过制度创新引领和推动全方位对外开放新格局呢？这是学界和政界急需深入研究的重要现实问题。

为了推动《国务院关于推进自由贸易试验区贸易投资便利化改革创新的若干措施》和《中国（河南）自由贸易试验区条例》相关要求落地落实，河南省商务厅以解决河南自由贸易试验区发展中存在的问题为导向，研究谋划重大政策创新、制度创新，深入推进制度型开放战略实施，面向社会进行了两个批次的专项课题招标。

在 2020 年中国（河南）自由贸易试验区第一批课题招标中，东艳研究员和笔者联合申报的"河南省自由贸易试验区与高标准国际贸易投资规则对标分析及其政策建议"有幸中标。该课题以经济基础与上层建筑之间的关系为切入点，从国际生产方式变革的制度需求与供给视角，构建国际贸易投资规则重塑的理论分析框架，为中国制度型开放提供理论依据。在理论分析基础上，课题对《全面进步的跨太平洋伙伴关系协定》（CPTPP）、《美墨加协定》（USMCA）、《美韩自由贸易协定（修订版）》（KORUS）、《欧盟—日本伙伴关系协定》（EJEPA）、《欧盟—加拿大全面伙伴关系协定》（CETA）以及《2012 年美国双边投资协定范本》（BITs）等协定主要条款进行了详细解读，并结合河南省的情况进行了对标分析。课题最终成果由专家鉴定等级为"优秀"，并荣获中国社会科学出版社"2021 年度优秀国家智库报告"。

在 2022 年中国（河南）自由贸易试验区第二批课题招标中，笔者申报的"以自由贸易试验区建设为引领　推动河南制度型开放研究"再次中标，课题最终成果由专家鉴定等级为"优秀"。2023 年，笔者申请的中国社会科学院智库基础研究项目"全球生产网络的原则政治与利益政治"获批立项，该课题的研究进一步深化了笔者对制度型开放的认识。在整合这两个课题研究成果的基础上，出版专著《制度型开放的理论逻辑与现实路径》。由于这是一项跨学科的创新性研究，难度较大，再加上笔者水平有限，书中不足与遗漏之处在所难免，敬请各位专家、学者和读者批评指正！

在本书出版之即，我要感谢为本书写作、评审和出版给予帮助和支持的各位老师。河南省商务厅制度创新处张峰处长的信任和支持给予了笔者坚持做创新性研究的信心和力量，杨凌波、李雯歌、李宜桐、张玉国等同志为课题写作和结项提供了大力支持；中国社会科学院世界经济与政治研究所东艳研究员和徐秀军研究员、中山大学毛艳华教授、北京外国语大学孙文莉教授和北京师范大学魏浩教授的建议进一步提升了书稿质量，中国社会科学院世界经济与政治研究所科研处和财务处老师们为本书出版也提供了相应的支持和帮助。

最后，要感谢家人对我这些年来坚持基础理论研究的理解与支持。

于北京

2023.11.18